explore the depths of
your inner world fearlessly

-Keila Shaheen

勇敢地探索內心世界吧！——凱拉・莎欣

陰影探索

我的療癒日記

The

SHADOW WORK JOURNAL

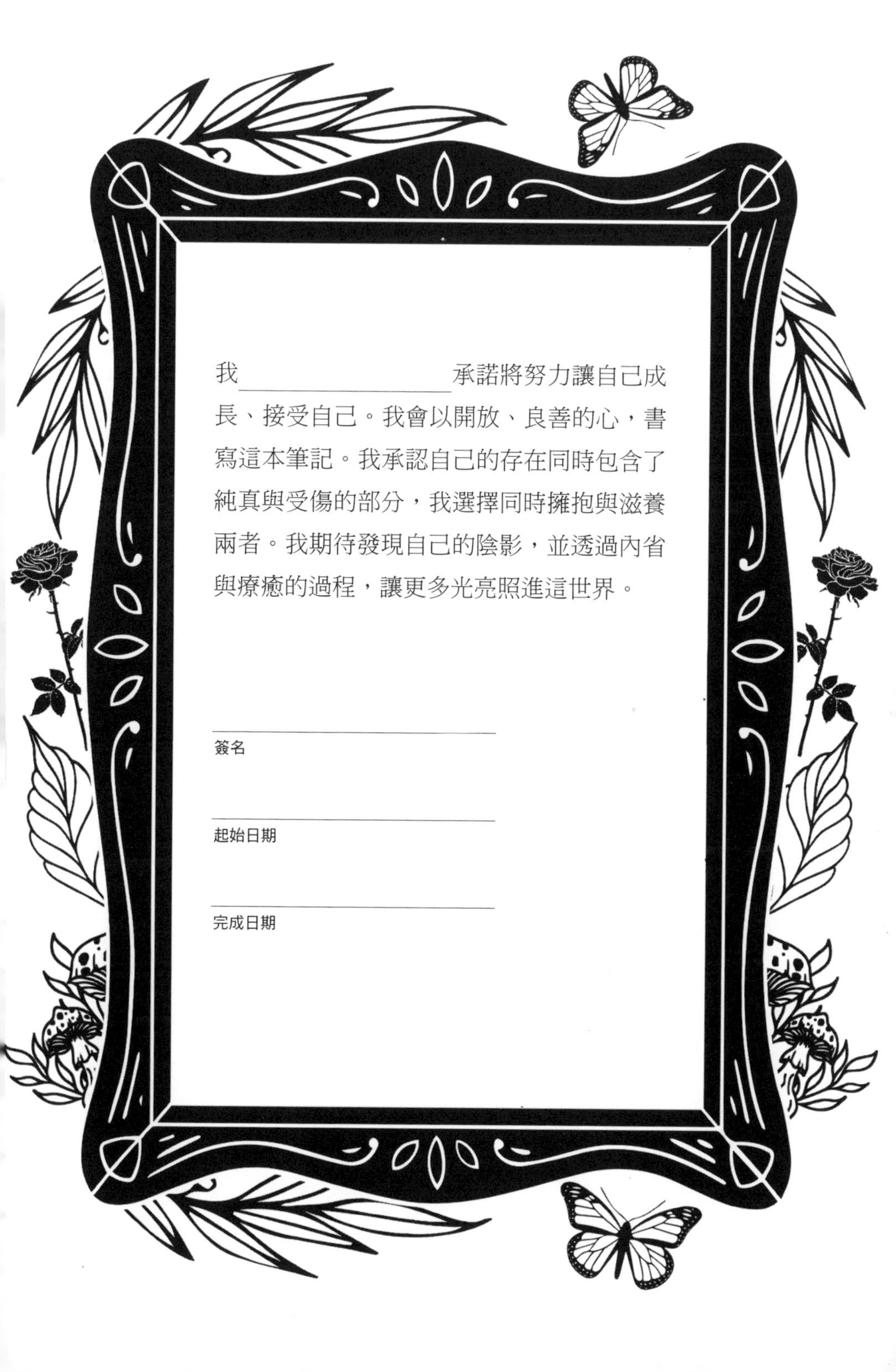

我＿＿＿＿＿＿＿＿承諾將努力讓自己成長、接受自己。我會以開放、良善的心，書寫這本筆記。我承認自己的存在同時包含了純真與受傷的部分，我選擇同時擁抱與滋養兩者。我期待發現自己的陰影，並透過內省與療癒的過程，讓更多光亮照進這世界。

簽名

起始日期

完成日期

I AM HEALING

1 關於陰影探索 9

什麼是陰影探索？ 10

為什麼陰影探索很重要？ 12

陰影探索之父——榮格 13

了解我們的心靈 14

如何進行陰影探索？ 17

自我疼惜 19

接地 20

如何發現陰影？ 22

整合陰影 24

情緒觸發點 25

2 —— 陰影探索的練習 —— 32

傷口對應 34

填空練習 36

釋放停滯的能量 54

肯定你的內在小孩 56

感恩清單 58

給過去的自己一封信 60

鏡子凝視 62

反思寫作 64

EFT 情緒釋放療法拍打術 66

3 —— 陰影探索的日記提示 —— 68

探索內在小孩 70

探索恐懼 78

探索自我 88

探索憤怒 108

探索悲傷 118

探索內在青少年 132

探索焦慮 152

探索嫉妒 156

探索優勢 166

探索夢想與人生方向 170

4 找出根源 188

挖掘陰影的根源：範例 190

挖掘陰影的根源：練習頁 191

補充練習 226

更多資源 252

「你得學會面對自己的陰影，

才能看見其他人的陰影，

因為在你之外的世界，

其實是你內在世界的反射。」

——卡爾．榮格（Carl Jung）

1

關於陰影探索

什麼是陰影探索？

陰影探索（shadow work）的意思是揭露未知。陰影指的是你人格中的無意識層面，也就是你還沒有發現的部分自我。當你與人互動、或是在某段關係中、又或是陷入焦慮或悲傷時，你可能會被觸發，進而發現自己的陰影。

你的無意識包含了被壓抑的情緒，這些情緒與痛苦事件有關，會引發衝動行為或是負面模式，最終形成了你個人的「陰暗面」。簡單來說，你為了成長，並符合社會規範，選擇遺忘、拋棄與壓抑部分自我，這些自我就成為了你的陰影。回顧你童年時期，仔細想想當你表現出哪些行為時，會被制止。你可能一直哭不停，然後被告誡不准哭。你可能在教室裡忍不住大笑，結果遭到老師或同學白眼。

你或許曾表現出被認定是「不良」的行為被責罵，或是因為表現出「良好」行為被稱讚，你早已經歷過無數次類似場景，學會該如何調整自己的行為。這些被壓抑的自我並不會永遠消失。他們只是被存放、被鎖在你的無意識裡。陰影探索的目的就是揭露、接受與整合這些被壓抑、被拒絕的自我。這本書中提到的技巧，能夠幫助你發現潛藏在無意識裡、被長期壓抑的情緒，進而擺脫這些情緒對你當下幸福感造成的負面衝擊。

這本書希望幫助你意識到無意識層面的自我，然後進行個人反思，進而接受這些自我。任何人都可以進行陰影探索，不過，特別是對於曾經歷過嚴重創傷的人們來說，尋求心理健康專業者的協助是很好的選擇。

在開始陰影探索之前，我們要刻意提醒自己，記得以開放的心態觀察與質疑自己的反應，這點很重要。可以想見，陰影很可能會引發強烈的情緒與不滿的感受。你一定要記住這些感覺，才能真正理解哪些模式會重複出現，你可以把這本書當作工具，幫助你找出造成這些行為模式背後的真正原因。本書最後一個章節也提供了好用的工具，幫助你找出陰影的根源。

為什麼陰影探索很重要？

陰影探索能帶來許多好處。你的痛苦和情緒觸發點（trigger）可以成為你的指引，幫助你理解內心真正在乎什麼，讓你更接近自己的人生目標。反過來說，你會因此發現人生中反覆出現的某些負面行為模式，進而有機會徹底改變這些行為模式。

陰影探索的另一個好處是，你會更有勇氣和信心面對未知，**展現完整的自我**。你會因此更愛自己、更能接受自己、更理解自己，改善自己的人際關係。練習陰影探索有助於擺脫自我中心，讓你更能同理其他人。同理心也會激發其他正面情緒，例如感激，這些都有助於改善你的身心健康。

無法面對與處理陰影的成因，往往會讓比較弱勢的團體或個人遭受偏見與其他挑戰，也可能讓微小的爭執都演變為大規模衝突。釐清陰影的成因，我們才能成為擁有同理心、能夠理性思考的人。

陰影探索之父——榮格

陰影的概念最早是由瑞士精神科醫生與精神分析學家卡爾．榮格所提出。榮格相信，探索陰暗面是個人成長與個體化的必經過程，也就是成為真正的自我的過程。陰影指的是我們心靈（psyche）的無意識層面，其中包含了被壓抑的想法、感受與衝動。我們拒絕或隱藏這部分的自我，不讓任何人知道，有時候甚至連我們自己也不知道。然而，這些被壓抑的自我，依舊會影響我們的行為與情緒狀態。

了解我們的心靈

「心靈」指的是我們內在的想法、感受與情緒。它是我們的經驗、動機與行為的源頭，而且在我們的一生中會持續演變與變化。了解心靈是理解自我與周遭世界的關鍵。

榮格相信，心靈是由各個不同、但相互關聯的部分所構成，包括意識、無意識、個人無意識與集體無意識。

意識是我們心靈中能夠覺察我們的想法與體驗的部分。無意識則包含了超出我們意識覺察範圍之外的想法、感受與體驗。個人無意識是指我們心靈中所有被壓抑的想法、感受與情緒，集體無意識則是指存在於我們心靈中，由所有人類共享的原型、通用象徵與主題。理解心靈的關鍵好處之一，就是提升自我意識。當我們更了解自己的想法、感受和情緒，就更能做出明智決定，改善人際關係，減少焦慮與情緒耗損。

榮格相信，探索心靈是個人成長與個體化的必經過程，也就是成為「真正的自我」的過程。他相信，透過探索心靈的無意識層面，我們就能更深刻地理解自己的動機、反應與行為，進而能夠做出改變、以自己最真實的樣貌生活。榮格的理論對心理學影響重大，佛洛依德（Sigmund Freud）與

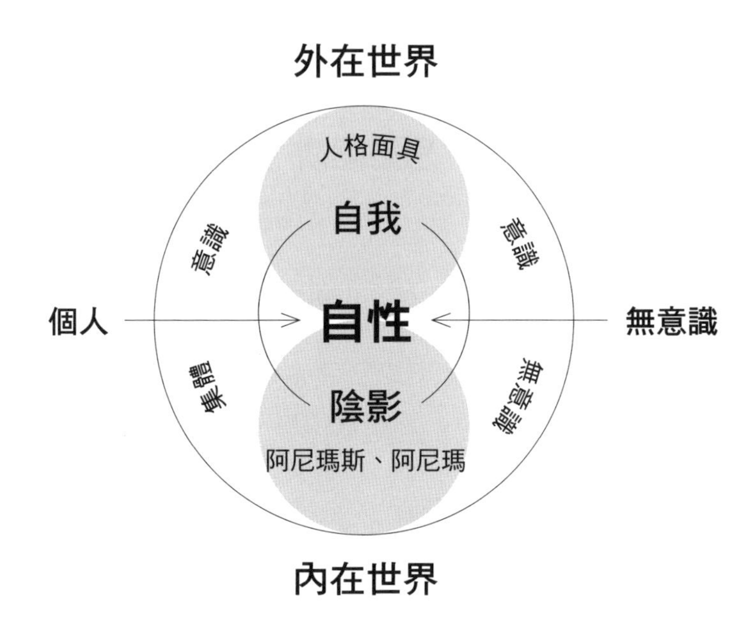

圖一　榮格提出的心靈模型

梅蘭妮・克萊恩（Melanie Klein）等許多精神分析理論學者也進一步發展、延伸他的理論。在今日，心靈的研究已經發展成為跨學科領域，涉及心理學、神經科學、哲學與靈性等專業領域。

「兩個人格的相遇，就像是兩個化學物質接觸：如果發生任何反應，兩者都會產生改變。」──榮格

思維陷阱

錨定效應
你的第一個判斷，會影響你接下來的所有判斷。

確認偏誤
你會偏愛符合你既有信念的事物。

心理抗拒
當別人要求你做某件事時，你反而會傾向唱反調。

沉沒成本謬誤
你會不理性地堅持守住某樣東西，即使這個東西已經讓你付出某些代價。

鄧寧—克魯格效應
知道得愈多，就愈有可能缺乏自信。

逆火效應
當你的核心信仰受到挑戰時，你會因此更堅定不移地相信這些信念。

衰落主義
你總是覺得過去比實際上還要美好，而且總是會預想未來會很糟糕。

框架效應
你的想法會受情境脈絡與訊息傳遞的方式所影響。

負面偏誤
負面事物會不成比例地過度影響你的思考。

如何進行陰影探索？

我們應該在安全、可控的環境進行陰影探索，探索心靈的無意識部分，包括寫日記、冥想、諮商、與精神導師或是與嚮導一起合作（這本書可以成為你的嚮導）。陰影探索的目標，是將無意識的部分帶到意識的領域，然後與你的生活整合。如此我們就能更理解自身的動機、反應與行為，然後做出改變，以自己最真實的面貌生活。我們每個人都有許多不同的面向，如果無法擁抱全部的自我，就無法過著完整、真實的生活。整合陰影的過程能夠幫助我們接受自己、學會原諒、無條件愛自己。

為了讓陰影現形，你需要主動觀察自己什麼時候會陷入負面模式，深入思考陰影從何而來。當你發現自己變得憤怒、焦慮、生氣或難過時，可以參考第四章的內容進行練習。當你面對自己的陰影時，記得同時也要採取一些正向、簡單的行動，改善自己的身體與心理健康，這點很重要。多喝水，而且喝的量要比你以為你需要的還要多，更用心打點自己，把臉洗乾淨，吃一些健康的輕食，做呼吸練習，或是聽自己喜歡的音樂。請記得，不舒服的感受終將過去，你會再度回到自己的最佳狀態。

「了解自身的陰影，是我們洞悉與應對他人陰影的最佳方法。」——榮格。

陰影包含了所有我們不想知道、或是不喜歡自己的部分。雖然過程充滿挑戰，也可能很痛苦，但是我們必須接受自己的陰影，讓陰影浮出水面、與意識整合。接受自己的陰影是建立自我意識與自我療癒的重要關鍵。使用這本書時請別忘了無條件接受與喜愛自我的所有部分。

自我疼惜

陰影探索的一個核心面向，就是自我疼惜（self-compassion）。當我們開始探索自己的陰影時，一大挑戰就是必須正視自己一直以來排斥或是刻意隱藏的自我。所以，我們要記得不帶批判地探索自己的陰影，而且要像對待朋友一樣，以相同的善意與同理心善待自己。唯有如此，你才能創造一個可以給予你支持與鼓勵的安全環境，讓你盡情探索與成長。自我疼惜包括承認與接受我們的先天限制、失敗與痛苦經驗，不要嚴厲地批評、評斷自己。

我們的文化時常強調完美主義與個人成就，所以當我們做不到、無法達成期望時，就很容易覺得自己不夠好，開始批評自己。

疼惜自己是建立有意義人生的重要基礎，唯有帶著善意理解自己，我們才能真正看見與接受其他人。

接地

陰影探索的另一個關鍵是記得要「接地」（grounding）。陰影探索可能會引發強烈的情緒衝擊，為了確保整個過程從開始到結束之後，我們的身心都能處於安全、穩定的狀態，我們可以從事冥想、深呼吸或是其他有助於集中注意力、幫助我們接地的活動。本書後面提到的技巧可以在你需要時幫助你接地。學習這些技巧能幫助你專注於當下，與自己的身體建立連結，在充滿混亂的世界中找到穩定與平衡。在這個過程中，我們可以把注意力聚焦在當下、意識到自己的身體。這可以幫助我們減緩壓力與焦慮，不再受困於腦中的思緒，能夠全心專注在當下。

在探索陰影的之前與之後，務必要記得讓自己接地。以下分享一些簡單就能做到的方法：

1. **簡單認知**

   認知到我們共通的人性。記住，每個人都會經歷阻礙、失敗與痛苦時刻。你並不孤單，你的經歷其實很普遍，都是人類經驗的一部分。

2. **照顧自己**

   投入能讓你開心、放鬆、感覺幸福的活動，包括花時間在運動、嗜好、與心愛的人在一起、擁有充足的睡眠。

3. **正向肯定**

   正面肯定可以幫助你減緩壓力、增加幸福感。

4. **刺激感官**

   從事能夠喚醒感官的活動，例如在大自然裡散步、聞一聞精油，或是吃一頓營養的餐點，這些活動能夠幫助我們活在當下。

5. **深呼吸**

   緩緩深呼吸，有助於保持心情平靜、消除壓力。

如何發現陰影？

發現陰影自我（shadow-self）的第一步，經常是仔細觀察哪些事情會觸發你的負面反應，找出你的行為與人生體驗模式，理解自己的投射。

1. 觀察你的情緒觸發點

情緒觸發點指的是那些非常強烈、而且對當下處境來說有些不成比例的情緒反應。這些情緒反應是一種提示，代表有部分的你（通常是陰影的部分）感覺受到威脅或是受到傷害。情緒被觸發時，你會覺得是自動做出反應，而不是出於有意識的選擇。這些觸發點是相當寶貴的線索，有助於你發掘心中沒有被解決的議題，或是你的「陰影」。要挖掘情緒觸發點，我們可以先退後一步，客觀分析那些引發你強烈情緒反應的情境。你是否有發現某個共通的主題或因素？有可能是某個關鍵字、某一種行為、某類型的人、甚至是某個地方，一再擾亂你的情緒。

2. 辨認模式

模式就是那些會反覆出現的行為，雖然不一定對你有好處，但你很難跳脫出來。你的人際關係、決策或是日常習慣，都存在某些模式。這些模式可能是你的陰影自我想藉此讓你感受到它的存在。我們可以透過內省辨認出這些模式。想想你過去的經驗、人際關係與行為反應，是否存在某些共同點？你是否會反覆被特定類型的關係或處境所吸引，卻一再落入相同的下場？你是否經常用相同的方式回應，即使你不希望那樣？這些反覆出現的模式或許能作為陰影探索的線索。

3. 了解投射

投射指的是我們無意識地將自我的某些面向投射到其他人身上，包括我們欣賞與討厭的特質。我們之所以對某個人的行為或特質產生強烈的情緒反應，通常是因為它們正好反映了我們不想承認的面向，也就是我們的陰影。要理解自己的投射，我們可以想一想，其他人身上有哪些特質讓你覺得極度反感，或者相反，是你非常欣賞的。然後問問自己，這些特質是否正好是你厭惡的自我，或是理想中的自我。

4. 關注夢境

夢境是充滿了各種象徵意義、讓我們探索無意識的寶庫。醒來之後，試著回想與記錄自己的夢境。分析夢境中出現的符號、情緒與主題。夢境可以提供重要洞見，幫助我們理解自己的陰影、恐懼、欲望，以及不曾表露於外的自我。

5. 探索童年時光與過往經驗

想想你的童年時期、家庭互動關係、重大人生事件。試著找出所有沒被化解的問題、創傷或是沒有被滿足的需求，這些很有可能就是陰影形成的原因。探索這些經驗的時候，記得帶著同理心與好奇心，才能真正治癒與整合自我。

整合陰影

情緒釋放療法（Emotional Freedom Techniques，EFT）拍打術結合了認知療法與指壓按摩，是非常有效的工具，可以幫助你整合陰影自我，達到深層的情緒療癒。

依照特定順序按壓不同經絡穴位，同時把注意力放在沒有被化解的情緒與信念，這個技巧能幫助你疏通被堵塞的能量，讓你更願意接受自己，加速整合陰影自我。這本書會引導你如何運用情緒釋放療法拍打術，整合你的陰影自我，達成整體性的療癒。

找出你希望整合的陰影，然後重新反思：當你想到這些陰影自我時，會引發哪些情緒、信念與回憶。你可以學會基本拍打點（Basic Tapping Points），熟悉情緒釋放療法所使用的基本拍打點，包括頭頂、眉頭、眼尾、眼下、人中、下巴、鎖骨、腋下。用兩或三根手指輕拍這些部位，同時複誦相關的陳述或是用心感受當下的情緒反應。

「內在小孩肯定法」（inner-child affirmations）也是可運用的技巧，針對你發掘的陰影自我，好好思考適當的說詞，給予自己肯定。肯定應該是正面的陳述，而且要使用現在式，代表你已經接受自己、得到療癒、完成整合。

持續覺察（ongoing awareness）也是很有效的工具，有助於整合陰影，促進個人成長。當你找到自己的情緒觸發點與負面想法之後，就可以開始努力辨識、理解與整合你的陰影自我。這個技巧能夠幫助你培養自我意識，讓你有意識地做出回應，開啟轉變與治癒的契機。

情緒觸發點

羞恥

羞恥是一種強烈的情緒反應，當你相信自己本質上有哪裡出了問題，就會感到羞恥。這是一種非常痛苦、孤單的感受，你會覺得自己不值得、不夠好、感到難堪。羞恥有可能會成為沉重的負擔，讓我們心力交瘁，感覺自己很渺小，不值得被愛與被接受。羞恥感往往來自於社會期待、昔日創傷或是內化的信念所造成。要克服羞恥感，就必須抱持同理心、接受自己，認知到自己身為人類的價值。

罪惡

當我們相信自己做了不對的事情，或是違反自身道德原則的事情，就會產生罪惡感。我們會譴責、怪罪自己，同時也會感到後悔。罪惡感可以成為一種有建設性的情緒，因為它會凸顯你的價值觀，幫助你從錯誤中學習。罪惡感提醒我們必須負起責任，並鼓勵我們調整或改變行為。

憤怒

憤怒是一種強大、複雜的情緒反應，當你覺得受到威脅、面對不公義或是遭遇挫折時，就會感到憤怒。這種感受可能很輕微、也可能很強烈，可能透過肢體或是情緒反應來表現。憤怒是很自然、合理的情緒反應，表示需要改變或是設定界限。然而，失控或是過度的憤怒往往會導致毀滅性行為，傷害自己與他人。

悲傷

悲傷是一種深刻、令人心痛的情緒，當我們失去、失望、或是未能實現某些渴望時，就會覺得悲傷。許多人生經歷會觸發悲傷的情緒，例如失去摯愛、一段關係結束、或是期望落空。感覺悲傷是人生很自然也不可或缺的體驗。

難堪

當你在社交場合感覺不自在、尷尬或是被羞辱時，就會覺得難堪。往往發生在當你認為自己違反了某些社會規範的時候。如果一直無法消除難堪的感受，就會導致我們感到羞恥、想要躲起來。

嫉妒

嫉妒是一種偽裝情緒。表面上看起來是在生氣或是批判，但事實上是你對自己感到難過或是不滿。你會拿自己與別人比較，想要保護你所擁有的一切。

懊悔

當你對過去的行為或決定感到悲傷，就會產生懊悔的情緒。事實是，人們往往是懊悔自己沒有去做哪些事，而不是因為做了哪些事。

恐懼

恐懼是一種原始、強烈的情緒，當我們認知到有威脅或是危險時，就會感到恐懼。這會引發一連串生理與情緒反應，目的是為了確保你是「安全」的。恐懼可以作為一種保護機制，但是非理性的恐懼可能會限制我們的經驗與成長。想克服恐懼，就必須了解它的根源、挑戰自己非理性的想法，然後在安全、有旁人支援的前提下逐步讓自己暴露在恐懼的情境中。

自我追尋的旅程，始於我們主動探索自己的陰影的深度、與潛能的高度。
整合陰影的過程就像是煉金術，透過這個內在轉變的過程，我們將傷口轉化為智慧，將恐懼轉化為勇氣，將限制轉化為無限的潛能。

「除非我們有意識地去面對，

否則我們會一直投射自己的陰影：

意思是，我們會把陰影

完整地投射到另一個人或某件事情上，

這樣我們就不必為此負任何責任了。」

——著名心理諮商師羅伯·強生（**Robert Johnson**）

無意識的世界

- 習慣＋模式
- 情緒
- 保護
- 調控身體機能
- 信念
- 渴望
- 責怪、否認、說謊
- 對事物、想法或感受的依附與執著

意識的世界

- 邏輯
- 篩選過濾
- 分析
- 動作
- 決策
- 短期記憶
- 意志力
- 批判性思考

2

陰影探索的練習

陰影探索的各種練習

訓練大腦辨識你的陰影，需要時間與努力投入。我們建議你可以嘗試每週抽出五到十分鐘，來進行陰影探索的練習。讓我們有機會去反思自己的人際關係、行為反應與內在想法。

這些練習可能會讓你感到不舒服或不自在，這很正常，而且是必經過程。這一章我們將帶領你開始這段旅程，記錄你的發現與見解，追蹤你的陰影如何隨著時間改變與擴大。你可以依照自己的速度、按照最適合你的順序練習。

傷口對應

▌練習：

檢視下頁列出的傷口形成原因，可以幫助我們辨識內在小孩的傷口。內在小孩傷口可分成四大類：拋棄、罪惡感、信任與忽視。其中一種或多個傷口，都有可能與你的個人經驗相符。

▌為什麼：

受到傷害或是經歷創傷時，尤其是在童年時期，會讓我們感到極度痛苦。這個練習的目的，就是要幫助你找到在童年時期發生、至今仍影響你的情緒傷口。這些傷口通常會引發負面行為與思考模式，對你造成傷害。如果你能發現、而且理解你的內在小孩傷口，就更能夠疼惜自己，為日後完成陰影探索之旅打下好基礎。

拋棄傷口

- 感覺「被排除在外」
- 害怕被拋下
- 討厭自己一個人
- 有共依存（Co-dependent）傾向
- 會以離開當作威脅
- 總是會吸引到情感冷漠的人

罪惡傷口

- 容易感到「抱歉」、覺得「難受」
- 不喜歡提出要求
- 會利用罪惡感操弄別人
- 害怕設定界限
- 總是會吸引到讓自己有罪惡感的人

信任傷口

- 很害怕受傷
- 不信任自己
- 會想辦法不信任別人
- 缺乏安全感，需要大量的外部驗證
- 覺得不安全
- 總是會吸引到缺乏安全感的人

忽視傷口

- 很難放下
- 自尊低落
- 容易動怒
- 無法說「不」，很難拒絕別人
- 會傾向壓抑自己的情緒
- 害怕表現出脆弱
- 總是會吸引到不懂得欣賞自己、或是無法讓自己感覺被看見的人

填空練習

練習：

來填空吧！閱讀整段內容之後，開始填空吧，不要有任何猶豫。如果你實在想不出來要寫什麼，可以觀察一下周邊環境，找一個物品，從那個物品開始聯想相關的詞彙，最後再回到填空題。

為什麼：

填空練習非常有效，能夠幫助你深入挖掘你的無意識，探索被隱藏的部分自我。你篩選出來或是透過聯想想到的詞語，都可以讓你更深入理解自己的情緒、信念與行為。你可以透過這個練習發掘內在陰影，強化自我意識，更了解自己真正的想法。

→

從下頁開始，來填空吧！

1

填空

我總是覺得自己屬於 ______________________ 的那種人。

想逃避時，我會 ______________________________________。

______________________________________ 能帶給我平靜。

我非常厭倦 ______________________________________ 與

____，

____ 與

________________________________ 能讓我感覺躍躍欲試。

我想要嘗試 ______________________________________，

這樣我就能 ______________________________________。

不知道為什麼，我到頭來總是會 ______________________

____________________。我值得 ______________________ 與

____。

反思問題

為什麼有時候我容易出現匱乏心態（lack mentality）？

我可以運用哪些自我改善的技巧，把受害者心態轉化成新的信念，更加相信自己有能力掌控自我與當下處境？

我可以採取哪些思維，擺脫阻礙我行動的信念，把注意力放在真正讓我感到興奮的事情上？

2

填空

小時候，我被告誡不可以 ________________

________________。

這讓我非常 ________________。

我感覺如果當時 ________________，

________________ 事情會變得不一樣。

我希望能告訴小時候的自己 ________________

________________。

我很感激 ________________，

但我也希望我的監護人當時能 ________________

________________。

反思問題

我從這個練習中回想起哪些回憶？

我要如何重新理解這些記憶，讓這些回憶不會再傷害或阻礙未來的我？

我可以如何經常同理與安慰自己，就像我會對待小時候的自己那樣？

3

填空

________________ 最讓我害怕。

當我感到害怕或焦慮，我通常會 ________________

________________。

有有時候我覺得一切都糟透了，是因為 ________________

________________，

這會讓我覺得 ________________

____

________________。

焦慮讓我學會 ________________ 和

________________。

我了解我是 ________________ 的人，

但是我會無條件愛自己。

反思問題

我現在最害怕什麼？如果它真的發生，最好的情況會是？

如果我的恐懼和焦慮成為我的老師，他們會讓我學到什麼？

面對未知的未來，我要如何建立更積極正面的心態？

4

填空

____

會讓我精神緊繃。在我 ______________________

的時候，我通常會感覺很緊張。

這讓我非常 ______________________________。

發生這種情況時，我會開始 ____________________

____________________________。我想這是因為

____________________________________ 與

____________________________________。

下次當我感覺精神緊繃時，我會 ________________

____________________________，讓自己放鬆。

反思問題

在哪些時候，焦慮會主宰我的心智與身體？我是否有發現某個反覆出現的主題，會觸發我的焦慮？

我可以做哪些動作，來釋放焦慮、減緩緊繃感？

哪些想法有助於緩解焦慮？焦慮時，我可以如何改善自我對話，減少自我批評？

5

填空

小時候，我曾因為 ____________________

____________________ 被破口大罵。

我當時的回應方式是 ____________________

與 ____________________。

從那之後，我總是 ____________________。

我變得非常在意 ____________________ 與

____________________。

現在每當 ____________________，

我就會產生情緒反應。現在，我會抱持同理心，接納並擁抱這部分的自我。

反思問題

小時候和長大後，我是被用什麼樣的方式訓斥？

這些經歷如何影響我當下選擇去做或者不去做某件事？這些經歷如何阻礙我行動？

我可以從事哪些活動，鼓勵我的內在小孩，允許她／他充分表達自己的意見？

6

填空

長大之後，我感覺自己 ______________________

______________________ 的這一部分，離我愈來愈遙遠。

對於這個變化，我感到 ______________________

____。

有時候我會有某些自我設限的慣性行為，例如 ________

____。

我知道每天我都在不斷改變、進化。我可以透過 ________

____ 和

____

來鼓勵我的內在小孩。我會承認自己永遠有 __________

______________________________________ 的一面，

而且會對這樣的自己展現愛與肯定。

反思問題

以前的我具備哪些特質，是現在的我覺得很美好的，而且希望未來能持續茁壯的？

我在什麼時候、在什麼地方，會隱藏自己的某些人格特質，只為了符合規範？

如果我可以在上述情境展現完整的自己，我覺得會發生什麼事？

填空

小時候，每當 ______________________________，

我都會哭。這讓我變得情緒化，因為 ______________

____。

這種悲傷的顏色是 __________________________，

感覺非常 ______________________________。

我很重視 ______________________________。

如果在那種情況下，我能跟小時候的我說話，我會說

____

____

____

____。

反思問題

小時候讓我悲傷的原因，與長大後讓我感到悲傷的原因有關嗎？

當我陷入悲傷時，我會表現出什麼樣的行為？這種行為對我有幫助、還是沒幫助？

當我感到痛苦和悲傷時，我可以做些什麼？我想讓心情變好的時候，都喜歡做哪些事情？

8

填空

小時候，我希望長大後能成為 ____________________

____。

我以前超級喜歡 ____________________________ 和

____。

現在的我比較喜歡 __________________________ 和

____。

隨著我的熱情和興趣隨時間改變，我會培養能讓我的內在小孩感到開心的事情。這有可能是 ____________________

____ 和

____。

反思問題

生活中最讓我感到開心的事情是什麼？我可以如何持續培養這個熱情？

什麼事情讓我顯得獨特、與眾不同？

長大的我，還可以夢想和想像哪些事？

釋放停滯的能量

▎練習：

你可以選擇下頁列出的任何一種活動，釋放那些被堵塞、停止流動的能量。仔細觀察在你開始練習之前與完成練習之後有什麼感受。

▎為什麼：

不論是在實體或抽象的世界，所有一切都是某種能量。當你感覺整個人狀態很不對時，代表有負面能量被困在你體內。一旦能量無法流動，你就會覺得煩躁、不平衡。如果太常發生這種情況，被堵塞的能量就會透過身體的疼痛或緊繃表現出來。你可以採取一些簡單行動，例如跳舞、散步與冥想，幫助你重新取得平衡，將長期堵塞在體內的能量釋放出來。

碰觸地面、讓自己接地

伸展身體

畫畫或塗鴉

播放你喜愛的音樂、跳舞吧

寫一首詩

創作藝術

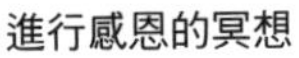

進行感恩的冥想

曬十分鐘太陽

走去戶外散步

洗澡，想像清水沖洗掉困在
體內的負面能量

肯定你的內在小孩

▍練習：

找一面鏡子，大聲對自己的內在小孩說出下頁列出的肯定句。重複說幾次，觀察這些話是否聽起來愈來愈自然、愈來愈像是你內在真實的一部分。

▍為什麼：

肯定，意思是正面的話語或陳述，你可以每天或每週反覆對自己複述這些話語。肯定的話語可以幫助你重新翻轉你的思維，聚焦在正向的情緒和信念，幫助你擺脫負面的自我敘事、痛苦與不健康的習慣。如果你重複夠多次，這些肯定就會成為你內在意識的一部分，改變你過去受限的思維模式，塑造新的信念，促使你完整發揮潛能。你可以改變思考方式，進而改變行為，最終變成你希望成為的自己。

- 我會放下罪惡感、受傷的感覺，與羞恥的感受
- 我是被保護的
- 我接受全部的自己以及個性的所有部分
- 我是被愛著的
- 我有能力實現任何夢想，我值得追求自己的渴望
- 我的夢想可以很大
- 我是安全的
- 我很美，我接受自己原本的樣子
- 我尊重我的內在小孩
- 我會疼惜自己
- 我比自己想像的還要好
- 我的需求和感受，都是重要、合理的
- 我值得擁有快樂
- 平靜能夠帶給我安慰
- 我能掌控自己的感受
- 別人加諸在我身上的任何事，我都有能力應對
- 我愛我自己
- 我可以保護自己
- 我可以輕鬆地劃定明確的界限
- 我的能量是無限的

感恩清單

▍練習：

花五分鐘時間，列出一份感恩清單。想想那些帶給你健康、平靜與愛的人事物。人生中發生的大大小小的事，從家電到你與其他人的關係，都可以寫。如果你覺得沒問題，也不妨試著寫下那些過去曾帶給你痛苦，卻讓你學會耐性、帶給你療癒的往事。列完清單之後，花點時間「謝謝」每件事的出現，讓你成為現在的你。

▍為什麼：

神經科學家瑞克・漢森博士（Dr. Rick Hanson）指出，我們的大腦會依據我們的心理狀態進行調整。如果我們總是抱持懷疑、悲傷與憤怒的心態，我們的生活就會累積更多懷疑、焦慮與憂鬱。如果我們總是感到快樂、滿足與愛，生活就會變得更充實、更平靜。感恩可以讓你學會珍惜現在擁有的一切，讓人生更加多采多姿。

我很感謝……

給過去的自己一封信

❙ 練習：

花一些時間，暫時放下例行事務，做一次深度的內省。回想過去你曾經歷的困難時期，然後寫一封信給那時候的自己。請帶著愛與同理心寫這封信。寫下那時候的你需要聽取的建議。你的信件內容必須是專門為那段經歷而寫的。寫下第一句話，然後跟隨自己的心走。

❙ 為什麼：

寫信給過去的自己是一種治療，能幫助你與過去告別，思考更加透徹，同時獲得平靜。你的內在小孩依舊在你心裡，等待被傾聽、被疼愛。你甚至會發現，這封信或許會與未來的你產生共鳴。

給過去的我，

鏡子凝視

▍練習：

找一面能讓你坐著照鏡的鏡子。坐下來，靠近鏡子，好讓你能凝視鏡中自己的眼睛。花五到十分鐘直視自己的眼睛，盡可能不要移開視線。如果可以，對著鏡中的自己說話，和你的陰影對話。凝視結束後，告訴自己，你是安全的、你是被愛著的。

▍為什麼：

鏡子凝視是一種比較私密的方法，讓我們面對內心最深層的恐懼與不安。在凝視鏡子時，你會開始看見讓你反感的部分自我。你或許會發現，內心的某些想法、懷疑和恐懼，會阻礙你獲得平靜。你甚至會看到身體某些部位開始改變、走樣與老化。如果發生這種情況，請不要驚慌或是覺得挫敗。請疼惜自己、愛自己。這個練習讓你有機會與自己的內在對話，面對內心深層的不安全感。

找一面鏡子，坐在鏡子正前方不遠處。花五到十分鐘凝視鏡中的自己。盡量不要移開視線。把鏡中的自己當作是你的陰影自我，然後對它說話。結束後，回答以下的反思問題：

我會反覆出現哪些想法？＿＿＿＿＿＿＿＿＿＿

＿＿＿＿＿＿＿＿＿＿＿＿＿＿＿＿＿＿＿＿

＿＿＿＿＿＿＿＿＿＿＿＿＿＿＿＿＿＿＿＿

我開始出現哪些情緒？＿＿＿＿＿＿＿＿＿＿

＿＿＿＿＿＿＿＿＿＿＿＿＿＿＿＿＿＿＿＿

＿＿＿＿＿＿＿＿＿＿＿＿＿＿＿＿＿＿＿＿

現在我感覺如何？＿＿＿＿＿＿＿＿＿＿＿＿

＿＿＿＿＿＿＿＿＿＿＿＿＿＿＿＿＿＿＿＿

＿＿＿＿＿＿＿＿＿＿＿＿＿＿＿＿＿＿＿＿

我對自己說了什麼？我發現哪些突破？

＿＿＿＿＿＿＿＿＿＿＿＿＿＿＿＿＿＿＿＿

＿＿＿＿＿＿＿＿＿＿＿＿＿＿＿＿＿＿＿＿

＿＿＿＿＿＿＿＿＿＿＿＿＿＿＿＿＿＿＿＿

＿＿＿＿＿＿＿＿＿＿＿＿＿＿＿＿＿＿＿＿

反思寫作

▍練習：

閱讀下頁的提示，然後在方格內誠實寫下你的回答。

▍為什麼：

你是由你的經驗形塑而成。透過反思寫作，能夠引導你理解自己是什麼樣的人、為什麼會成為這樣的人。這能幫助你找出影響你對人生看法的正面與負面模式與習慣。

以自己的需求為優先時，我會有罪惡感嗎？

我的幸福，有多重要？

我用什麼方法表現我對自己的愛？

我覺得我還需要努力練習……

EFT 情緒釋放療法拍打術

▍練習：

情緒釋放療法拍打術（EFT Tapping）包含五個步驟：

一、聚焦問題

二、評估痛苦程度

三、設計預備句（set-up statement）

四、拍打穴位點

五：重新評估痛苦程度

小訣竅：陳述要明確，鎖定負面情緒，任何內容都可以。每當你感到擔憂、不安、焦慮、生氣、惱火時……，都可以試試看。預備句的範例可以是：「我深愛自己，也完全接受自己，」、「我會盡可能原諒自己，」、「我嚮往一個安靜、平靜的地方。」

▍為什麼：

情緒釋放療法拍打術可以幫助我們化解負面情緒，找出負面情緒背後的根源，同時也能用來進行陰影探索。透過輕拍穴位點，同時深入覺察與陰影有關的情緒反應，我們就能開始接受、整合與治癒陰影自我。情緒釋放療法拍打術可以幫助你釐清思緒，找出是哪些根本原因，觸發了那些被你壓抑的情緒。

開始練習 EFT 情緒釋放技巧

1. 做幾次深呼吸，然後開始拍打與情緒釋放療法有關的身體部位：眉骨、眼尾、眼下、人中、下巴、鎖骨、腋下。

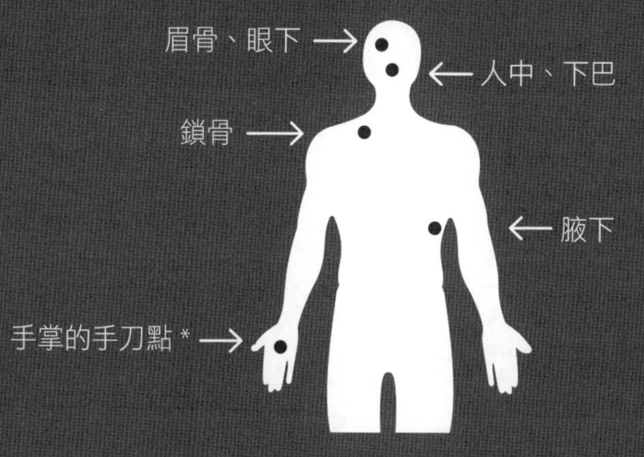

2. 拍打時，重述與你的問題相呼應的肯定句。例如：如果你正在探索失敗的恐懼，你可以對自己說：「雖然我害怕失敗，但是我接受自己、愛自己。」

3. 在拍打過程中，專注於當下的課題，用心感受被觸發的所有情緒。花兩到三分鐘拍打，同時複誦你的肯定句。

4. 當你感覺你已經釋放與當下課題有關的能量與情緒時，做幾次深呼吸，仔細想想自己學到了什麼。

你得到哪些啟發？你可以如何運用得到的啟發，以正面、有建設性的方式，繼續往前？

---

* 譯註：手掌外側小拇指到手腕之間的位置，中醫所說的後溪穴

3

陰影探索的日記提示

日記書寫提示

寫日記可以揭露你內在的情緒與信念。寫下自己的經歷，有助於提升你的覺察力、直覺力、更專注當下。每天只需要花十分鐘寫，就能改變你的行為與思考方式。你可以運用這些陰影探索提示，深入挖掘你的無意識層面，了解自己的陰影。這些提示相當深入、很可能會觸及黑暗，但請別讓自己因此卻步。

父母影響

你有注意到，自己身上有哪些部分和你父母或監護人很相像嗎？你有哪些正面或負面的特質，是承襲自他們？你可以如何打破這種來自家族的負面行爲循環？

特質

你最討厭自己哪些特質？
你可以如何同理、喜愛自己的這些部分？

童年

童年時，你覺得自己沒有得到什麼？這對你造成什麼影響？如果你小時候有得到這些事物，你覺得人生會有什麼不同嗎？

童年創傷

小時候有哪些經歷，對你造成負面影響？爲
什麼這段經驗帶給你這麼大的心理創傷？

恐懼

想像你自己什麼都不怕。面對未知，你沒有任何質疑，不擔憂、也不害怕。你一直憂慮的事情根本不存在。試著寫下，如果你沒有任何恐懼，你會做什麼、怎麼做？

把自己放在最後

在哪些情況下，你會把自己放在最後？想想上一次你用這樣不友善的方式對待自己，是什麼時候？爲什麼你會把自己的幸福與需求擺在一旁？

你不等於你的恐懼

對你來說，恐懼是什麼？什麼事情讓你感到害怕？不要寫：「我害怕……」，試著改成這樣寫：「當……的時候，我會感覺恐懼。」這樣一來，你就能打破習慣，不再把恐懼視爲自我的一部分。

惡夢

對你來說最可怕的夢魘是什麼？爲什麼？

面對你的恐懼

你人生中最恐懼的是什麼？假如這件事真的發生，你會怎麼做？你會有什麼感受？

自我形象

你認爲別人是如何看待你的？你希望別人如何看待你？爲什麼？你認爲最眞實的自己，是什麼樣子？

斷捨離

仔細想一想你擁有的一切，包括物質與非物質。有時候，我們擁有的東西反而會降低我們的生活品質。哪些東西是你其實可以捨棄的？

眞實的自我

你的眞實自我，往往隱藏在後天形成的層層面具之下。有沒有哪些關於你的事情，你希望更多人知道？爲什麼他們一直都不知道？

祕密

你最大的祕密是什麼？爲什麼這件事是祕密？如果別人知道了這個祕密，你會有什麼感覺？

迴避

你在生活中會盡可能迴避哪些事？你想迴避的這些事情，會引發你的哪些情緒反應？

你的改變

過去十年，你在哪十個面向上有所改變？這些變化主要是正面或是負面的？

改變是常態

改變是很自然的現象。但有時候，改變是可以選擇的。你喜歡改變、還是傾向不要改變？爲什麼？你應對改變的能力如何？

能量耗損

回想上一次你覺得能量被耗盡，是什麼時候？當時你正在做什麼？你和誰在一起？那時候的你需要什麼？

自我批判

你在哪些時候，會對自己最嚴厲？爲什麼？
當你對自己過度挑剔時，會產生哪些感受？
你可以如何對自己更友善、更理解自己？

那些累積的忍耐

你一直在忍耐哪些事，但其實你並不想這樣？想一想，你曾有過哪些自我破壞的行為？試著問自己，為何會一再重複這樣的負面行動或想法？

憤怒觸發點

什麼事情會讓你生氣？爲什麼這件事會讓你憤怒？你如何處理自己的憤怒情緒？

寫下令你憤怒的事

現在最讓你憤怒的事情是什麼？原因是什麼？

憤怒時的自我對話

當你對自己生氣時，你會對自己說什麼？內容和你對別人生氣時會對自己說的話，有不一樣嗎？

憤怒的顏色

如果你的憤怒有顏色，會是什麼色？
爲什麼？

緩解憤怒

做哪些事的時候，你會感覺怒氣漸漸消散？你可以如何把緩解怒火的行爲更融入到每一天的生活中？

如果悲傷是一幅畫

如果你的悲傷是一幅畫，它會是什麼樣子？
你不需要真正畫出來，但請試著形容畫的顏色、形狀等等⋯⋯。

負面想法

此時此刻的我，有哪些負面想法？針對每一個負面想法，我可以想到五種正面的想法嗎？

悲傷時的自我對話

當你感到悲傷難過時，你會對自己說什麼？你會疼惜自己嗎？會感到很挫折嗎？或是覺得很煩躁？

混雜的情緒

除了悲傷之外，你還有感受到其他情緒嗎？這些情緒跟悲傷的感受一起出現時，你有什麼感覺？

無法放下

哪些事情讓你感覺仍然深深受到傷害，現在
依然無法放下？

寫給自己的情書

試著寫一封情書給自己，寫下所有你需要聽到、能夠讓你得到安慰的話語。

最幸福的時刻

什麼事情讓你覺得最幸福？現在的你，可以如何朝這樣的幸福邁進？

青少年時的偶像

你在青少年時期崇拜的人是誰？他們的哪些特質令你欣賞？現在的你仍然很尊敬他們嗎？

人生中的友誼

成長過程中，你最要好的朋友有誰？你想起朋友時，心中有什麼感受？你們仍是朋友嗎？友情有變化嗎？

最喜歡的老師

你喜歡的老師是誰（可以不止一位）？
原因是什麼？老師對你有哪些影響？

你的內在青少年

你希望青少年時期的自己能聽到別人對你說
哪些話？

青少年時期的事件

青少年時期，你曾發生過哪些重要事件？
現在的你會如何讓這些事件定義自己？

欣賞你的內在青少年

青少年時期的你有哪些特質，
是現在的你非常欣賞的？

青少年時期學到的教訓

你在青少年時期學到最寶貴、
深刻的教訓是什麼？

徬徨的青少年

在青少年時期，有哪些方面讓你覺得沒有安全感、沒有得到支持？當時你如何處理自己的感受？

親子關係

你在青少年時期與父母或監護人的關係如何？當時的你感覺自己有被理解、傾聽嗎？

從青少年過渡到成年

成年生活中有哪些時候，你內心的青少年會
顯露出來？

焦慮

什麼事情會讓你感覺焦慮？爲什麼這件事會讓你焦慮？焦慮時你會怎麼做？

妄下評論

你會在哪些事情上妄加評斷別人？你自己是否也有相同的行爲？你也會這樣評斷自己嗎？

嫉妒

你有嫉妒的人嗎？你覺得藏在嫉妒背後的，
是哪些渴望？你多常會感覺到嫉妒的心情？

嫉妒的當下

請試著寫下你最近一次感覺到嫉妒的經驗。

如何處理嫉妒的心情

你可以做哪些事情來處理嫉妒的心情？

合理的嫉妒？

什麼時候你覺得嫉妒是合理的？什麼時候不是？

嫉妒時的自我感覺

當你感到嫉妒時，你對自己有什麼感覺？

驕傲的事

回顧你的人生，你在個人、身體外貌、學術上、精神上與社交關係上，各種層面達成了哪些成就？其中最讓你感到驕傲的是什麼？爲什麼？這項令你自豪的成就如何成爲激勵你的動力？

靈光乍現

請試著回憶，你曾經感受到喜悅、靈光乍現的時刻。那時候你在哪裡？正在做什麼？你有在別人在一起嗎？試著寫出會激發你產生靈感的人事物。

夢想中的人生

請想像你夢想中的生活。如果明天你就可以開始過夢想中的生活，你會怎麼過？讓你無法馬上開始過夢想生活的理由是什麼？

最大的夢想

你人生中最遠大的夢想是什麼？如果這個最大的夢想成真，你會做什麼？你會有什麼感受？

自由的意義

自由對你來說的意義是什麼？什麼時候你會感覺很自由？哪些人事物讓你感覺不自由？

設想人生

你希望自己的人生是什麼模樣？你希望每天都能有什麼感受？

關鍵時刻

回顧你目前爲止的人生。你經歷過哪些關鍵時刻或轉折點？你從中學到了什麼？

創造改變

哪些事情會讓你覺得自己眞的爲世界帶來了
改變？

讚美

別人最常讚美你的三件事分別是什麼？你聽到讚美時，會有什麼感受？

習慣

你目前爲止維持最久的習慣，
是什麼？

最快樂的一天

請試著描述對你來說，
最快樂的一天會是什麼樣子。

4

找出根源

挖掘陰影的根源

每當你察覺到自己正在面對陰影時，可以馬上來做這一章的練習。

無意識陰影導致的行為有哪些？

- 沒有明確原因地感到憤怒、煩躁或焦慮
- 把問題都歸咎於外部因素，視自己為受害者
- 持續地產生負面想法，總是感到倦怠、提不起勁。
- 缺乏做任何事的動力，而且會質疑自己的能力。
- 容易嫉妒他人，容易對他人抱持負面想法。
- 有罪惡感、羞恥感。

範例

挖掘陰影的根源

找到一個光線較昏暗、安靜的地方坐下。試著聚焦在你的陰影。

什麼事情觸發了我的陰影？我的工作和明天的簡報。

我現在有什麼想法？我想辭職，這個工作快把我消耗殆盡。我明天沒辦法簡報，我覺得沒準備好……

我感受到什麼情緒？焦慮、恐懼

閉上眼睛，傾聽內在的心聲。你想到哪三個詞語？請寫下這三個詞語。它們是有意義的。

被困住	緊張	沈重

當你專心看著這三個詞語時，心裡會浮現哪些回憶或影像？試著與你的內在小孩建立連結吧。

我想到一隻被困在籠子裡的小鳥，牠不停向外張望。我知道另一邊就是自由的世界，但是我太緊張了，不敢飛出去。我對自己的能力感到很緊張，很擔憂：如果我離開了，但是飛不遠怎麼辦？我覺得心情很沉重，好像有什麼東西一直把我往下拉。我感覺很像是小時候在學校，我總是看向窗外，努力掙扎想要理解上課的內容。

現在，請抱著全心接受、喜愛你的內在小孩的心情。放手吧。

挖掘陰影的根源

找到一個光線較昏暗、安靜的地方坐下。試著聚焦在你的陰影。

什麼事情觸發了我的陰影？ ____________________

我現在有什麼想法？ ____________________

____

我感受到什麼情緒？ ____________________

閉上眼睛，傾聽內在的心聲。你想到哪三個詞語？請寫下這三個詞語。它們是有意義的。

當你專心看著這三個詞語時，心裡會浮現哪些回憶或影像？試著與你的內在小孩建立連結吧。

____

____

____

____

____

____

現在，請抱著全心接受、喜愛你的內在小孩的心情。放手吧。

挖掘陰影的根源

找到一個光線較昏暗、安靜的地方坐下。試著聚焦在你的陰影。

什麼事情觸發了我的陰影？ ______________________________

我現在有什麼想法？ ______________________________

____

我感受到什麼情緒？ ______________________________

閉上眼睛，傾聽內在的心聲。你想到哪三個詞語？請寫下這三個詞語。它們是有意義的。

當你專心看著這三個詞語時，心裡會浮現哪些回憶或影像？試著與你的內在小孩建立連結吧。

____

____

____

____

____

____

現在，請抱著全心接受、喜愛你的內在小孩的心情。放手吧。

挖掘陰影的根源

找到一個光線較昏暗、安靜的地方坐下。試著聚焦在你的陰影。

什麼事情觸發了我的陰影？ ____________________

我現在有什麼想法？ ____________________

____

我感受到什麼情緒？ ____________________

閉上眼睛，傾聽內在的心聲。你想到哪三個詞語？請寫下這三個詞語。它們是有意義的。

當你專心看著這三個詞語時，心裡會浮現哪些回憶或影像？試著與你的內在小孩建立連結吧。

____

____

____

____

____

____

現在，請抱著全心接受、喜愛你的內在小孩的心情。放手吧。

挖掘陰影的根源

找到一個光線較昏暗、安靜的地方坐下。試著聚焦在你的陰影。

什麼事情觸發了我的陰影？ ______________________

我現在有什麼想法？ ______________________

____

我感受到什麼情緒？ ______________________

閉上眼睛，傾聽內在的心聲。你想到哪三個詞語？請寫下這三個詞語。它們是有意義的。

當你專心看著這三個詞語時，心裡會浮現哪些回憶或影像？試著與你的內在小孩建立連結吧。

____

____

____

____

____

____

現在，請抱著全心接受、喜愛你的內在小孩的心情。放手吧。

挖掘陰影的根源

找到一個光線較昏暗、安靜的地方坐下。試著聚焦在你的陰影。

什麼事情觸發了我的陰影？＿＿＿＿＿＿＿＿＿＿

我現在有什麼想法？＿＿＿＿＿＿＿＿＿＿

＿＿＿＿＿＿＿＿＿＿

我感受到什麼情緒？＿＿＿＿＿＿＿＿＿＿

閉上眼睛，傾聽內在的心聲。你想到哪三個詞語？請寫下這三個詞語。它們是有意義的。

當你專心看著這三個詞語時，心裡會浮現哪些回憶或影像？試著與你的內在小孩建立連結吧。

＿＿＿＿＿＿＿＿＿＿

＿＿＿＿＿＿＿＿＿＿

＿＿＿＿＿＿＿＿＿＿

＿＿＿＿＿＿＿＿＿＿

＿＿＿＿＿＿＿＿＿＿

＿＿＿＿＿＿＿＿＿＿

現在，請抱著全心接受、喜愛你的內在小孩的心情。放手吧。

挖掘陰影的根源

找到一個光線較昏暗、安靜的地方坐下。試著聚焦在你的陰影。

什麼事情觸發了我的陰影？ ______________________________

我現在有什麼想法？ ______________________________

____

我感受到什麼情緒？ ______________________________

閉上眼睛，傾聽內在的心聲。你想到哪三個詞語？請寫下這三個詞語。它們是有意義的。

當你專心看著這三個詞語時，心裡會浮現哪些回憶或影像？試著與你的內在小孩建立連結吧。

____

____

____

____

____

____

現在，請抱著全心接受、喜愛你的內在小孩的心情。放手吧。

挖掘陰影的根源

找到一個光線較昏暗、安靜的地方坐下。試著聚焦在你的陰影。

什麼事情觸發了我的陰影？ ______________________________

我現在有什麼想法？ ______________________________

____

我感受到什麼情緒？ ______________________________

閉上眼睛，傾聽內在的心聲。你想到哪三個詞語？請寫下這三個詞語。它們是有意義的。

當你專心看著這三個詞語時，心裡會浮現哪些回憶或影像？試著與你的內在小孩建立連結吧。

____

____

____

____

____

____

現在，請抱著全心接受、喜愛你的內在小孩的心情。放手吧。

挖掘陰影的根源

找到一個光線較昏暗、安靜的地方坐下。試著聚焦在你的陰影。

什麼事情觸發了我的陰影？ ______________________________

我現在有什麼想法？ ______________________________

____

我感受到什麼情緒？ ______________________________

閉上眼睛，傾聽內在的心聲。你想到哪三個詞語？請寫下這三個詞語。它們是有意義的。

當你專心看著這三個詞語時，心裡會浮現哪些回憶或影像？試著與你的內在小孩建立連結吧。

____

____

____

____

____

____

現在，請抱著全心接受、喜愛你的內在小孩的心情。放手吧。

挖掘陰影的根源

找到一個光線較昏暗、安靜的地方坐下。試著聚焦在你的陰影。

什麼事情觸發了我的陰影？＿＿＿＿＿＿＿＿＿＿＿＿＿＿

我現在有什麼想法？＿＿＿＿＿＿＿＿＿＿＿＿＿＿＿＿＿

＿＿＿＿＿＿＿＿＿＿＿＿＿＿＿＿＿＿＿＿＿＿＿＿＿＿＿

我感受到什麼情緒？＿＿＿＿＿＿＿＿＿＿＿＿＿＿＿＿＿

閉上眼睛，傾聽內在的心聲。你想到哪三個詞語？請寫下這三個詞語。它們是有意義的。

當你專心看著這三個詞語時，心裡會浮現哪些回憶或影像？試著與你的內在小孩建立連結吧。

＿＿＿＿＿＿＿＿＿＿＿＿＿＿＿＿＿＿＿＿＿＿＿＿＿＿＿

＿＿＿＿＿＿＿＿＿＿＿＿＿＿＿＿＿＿＿＿＿＿＿＿＿＿＿

＿＿＿＿＿＿＿＿＿＿＿＿＿＿＿＿＿＿＿＿＿＿＿＿＿＿＿

＿＿＿＿＿＿＿＿＿＿＿＿＿＿＿＿＿＿＿＿＿＿＿＿＿＿＿

＿＿＿＿＿＿＿＿＿＿＿＿＿＿＿＿＿＿＿＿＿＿＿＿＿＿＿

＿＿＿＿＿＿＿＿＿＿＿＿＿＿＿＿＿＿＿＿＿＿＿＿＿＿＿

現在，請抱著全心接受、喜愛你的內在小孩的心情。放手吧。

挖掘陰影的根源

找到一個光線較昏暗、安靜的地方坐下。試著聚焦在你的陰影。

什麼事情觸發了我的陰影？ ______________________________

我現在有什麼想法？ ______________________________

____

我感受到什麼情緒？ ______________________________

閉上眼睛，傾聽內在的心聲。你想到哪三個詞語？請寫下這三個詞語。它們是有意義的。

當你專心看著這三個詞語時，心裡會浮現哪些回憶或影像？試著與你的內在小孩建立連結吧。

____

____

____

____

____

____

現在，請抱著全心接受、喜愛你的內在小孩的心情。放手吧。

挖掘陰影的根源

找到一個光線較昏暗、安靜的地方坐下。試著聚焦在你的陰影。

什麼事情觸發了我的陰影？ ______________________

我現在有什麼想法？ ______________________

____

我感受到什麼情緒？ ______________________

閉上眼睛，傾聽內在的心聲。你想到哪三個詞語？請寫下這三個詞語。它們是有意義的。

當你專心看著這三個詞語時，心裡會浮現哪些回憶或影像？試著與你的內在小孩建立連結吧。

____

____

____

____

____

____

現在，請抱著全心接受、喜愛你的內在小孩的心情。放手吧。

挖掘陰影的根源

找到一個光線較昏暗、安靜的地方坐下。試著聚焦在你的陰影。

什麼事情觸發了我的陰影？ ________________________

我現在有什麼想法？ ________________________

____

我感受到什麼情緒？ ________________________

閉上眼睛，傾聽內在的心聲。你想到哪三個詞語？請寫下這三個詞語。它們是有意義的。

當你專心看著這三個詞語時，心裡會浮現哪些回憶或影像？試著與你的內在小孩建立連結吧。

____

____

____

____

____

____

現在，請抱著全心接受、喜愛你的內在小孩的心情。放手吧。

挖掘陰影的根源

找到一個光線較昏暗、安靜的地方坐下。試著聚焦在你的陰影。

什麼事情觸發了我的陰影？ ____________________

我現在有什麼想法？ ____________________

____

我感受到什麼情緒？ ____________________

閉上眼睛，傾聽內在的心聲。你想到哪三個詞語？請寫下這三個詞語。它們是有意義的。

當你專心看著這三個詞語時，心裡會浮現哪些回憶或影像？試著與你的內在小孩建立連結吧。

____

____

____

____

____

____

現在，請抱著全心接受、喜愛你的內在小孩的心情。放手吧。

挖掘陰影的根源

找到一個光線較昏暗、安靜的地方坐下。試著聚焦在你的陰影。

什麼事情觸發了我的陰影？＿＿＿＿＿＿＿＿＿＿＿＿＿＿＿＿＿＿＿

我現在有什麼想法？＿＿＿＿＿＿＿＿＿＿＿＿＿＿＿＿＿＿＿＿＿＿＿

＿＿＿＿＿＿＿＿＿＿＿＿＿＿＿＿＿＿＿＿＿＿＿＿＿＿＿＿＿＿＿＿

我感受到什麼情緒？＿＿＿＿＿＿＿＿＿＿＿＿＿＿＿＿＿＿＿＿＿＿＿

閉上眼睛，傾聽內在的心聲。你想到哪三個詞語？請寫下這三個詞語。它們是有意義的。

當你專心看著這三個詞語時，心裡會浮現哪些回憶或影像？試著與你的內在小孩建立連結吧。

＿＿＿＿＿＿＿＿＿＿＿＿＿＿＿＿＿＿＿＿＿＿＿＿＿＿＿＿＿＿＿＿

＿＿＿＿＿＿＿＿＿＿＿＿＿＿＿＿＿＿＿＿＿＿＿＿＿＿＿＿＿＿＿＿

＿＿＿＿＿＿＿＿＿＿＿＿＿＿＿＿＿＿＿＿＿＿＿＿＿＿＿＿＿＿＿＿

＿＿＿＿＿＿＿＿＿＿＿＿＿＿＿＿＿＿＿＿＿＿＿＿＿＿＿＿＿＿＿＿

＿＿＿＿＿＿＿＿＿＿＿＿＿＿＿＿＿＿＿＿＿＿＿＿＿＿＿＿＿＿＿＿

＿＿＿＿＿＿＿＿＿＿＿＿＿＿＿＿＿＿＿＿＿＿＿＿＿＿＿＿＿＿＿＿

現在，請抱著全心接受、喜愛你的內在小孩的心情。放手吧。

挖掘陰影的根源

找到一個光線較昏暗、安靜的地方坐下。試著聚焦在你的陰影。

什麼事情觸發了我的陰影？ ______________________

我現在有什麼想法？ ______________________

____

我感受到什麼情緒？ ______________________

閉上眼睛，傾聽內在的心聲。你想到哪三個詞語？請寫下這三個詞語。它們是有意義的。

當你專心看著這三個詞語時，心裡會浮現哪些回憶或影像？試著與你的內在小孩建立連結吧。

____

____

____

____

____

____

現在，請抱著全心接受、喜愛你的內在小孩的心情。放手吧。

挖掘陰影的根源

找到一個光線較昏暗、安靜的地方坐下。試著聚焦在你的陰影。

什麼事情觸發了我的陰影？ ______________________

我現在有什麼想法？ ______________________

____

我感受到什麼情緒？ ______________________

閉上眼睛，傾聽內在的心聲。你想到哪三個詞語？請寫下這三個詞語。它們是有意義的。

當你專心看著這三個詞語時，心裡會浮現哪些回憶或影像？試著與你的內在小孩建立連結吧。

____

____

____

____

____

____

現在，請抱著全心接受、喜愛你的內在小孩的心情。放手吧。

挖掘陰影的根源

找到一個光線較昏暗、安靜的地方坐下。試著聚焦在你的陰影。

什麼事情觸發了我的陰影？＿＿＿＿＿＿＿＿＿＿

我現在有什麼想法？＿＿＿＿＿＿＿＿＿＿

＿＿＿＿＿＿＿＿＿＿

我感受到什麼情緒？＿＿＿＿＿＿＿＿＿＿

閉上眼睛，傾聽內在的心聲。你想到哪三個詞語？請寫下這三個詞語。它們是有意義的。

當你專心看著這三個詞語時，心裡會浮現哪些回憶或影像？試著與你的內在小孩建立連結吧。

＿＿＿＿＿＿＿＿＿＿

＿＿＿＿＿＿＿＿＿＿

＿＿＿＿＿＿＿＿＿＿

＿＿＿＿＿＿＿＿＿＿

＿＿＿＿＿＿＿＿＿＿

＿＿＿＿＿＿＿＿＿＿

現在，請抱著全心接受、喜愛你的內在小孩的心情。放手吧。

挖掘陰影的根源

找到一個光線較昏暗、安靜的地方坐下。試著聚焦在你的陰影。

什麼事情觸發了我的陰影？ ______________________________

我現在有什麼想法？ ______________________________

____

我感受到什麼情緒？ ______________________________

閉上眼睛，傾聽內在的心聲。你想到哪三個詞語？請寫下這三個詞語。它們是有意義的。

當你專心看著這三個詞語時，心裡會浮現哪些回憶或影像？試著與你的內在小孩建立連結吧。

____

____

____

____

____

____

現在，請抱著全心接受、喜愛你的內在小孩的心情。放手吧。

挖掘陰影的根源

找到一個光線較昏暗、安靜的地方坐下。試著聚焦在你的陰影。

什麼事情觸發了我的陰影？ ______________________________

我現在有什麼想法？ ______________________________

____

我感受到什麼情緒？ ______________________________

閉上眼睛，傾聽內在的心聲。你想到哪三個詞語？請寫下這三個詞語。它們是有意義的。

當你專心看著這三個詞語時，心裡會浮現哪些回憶或影像？試著與你的內在小孩建立連結吧。

____

____

____

____

____

____

現在，請抱著全心接受、喜愛你的內在小孩的心情。放手吧。

挖掘陰影的根源

找到一個光線較昏暗、安靜的地方坐下。試著聚焦在你的陰影。

什麼事情觸發了我的陰影？ ____________________

我現在有什麼想法？ ____________________

____

我感受到什麼情緒？ ____________________

閉上眼睛，傾聽內在的心聲。你想到哪三個詞語？請寫下這三個詞語。它們是有意義的。

當你專心看著這三個詞語時，心裡會浮現哪些回憶或影像？試著與你的內在小孩建立連結吧。

____

____

____

____

____

____

現在，請抱著全心接受、喜愛你的內在小孩的心情。放手吧。

挖掘陰影的根源

找到一個光線較昏暗、安靜的地方坐下。試著聚焦在你的陰影。

什麼事情觸發了我的陰影？ ____________________

我現在有什麼想法？ ____________________

____

我感受到什麼情緒？ ____________________

閉上眼睛，傾聽內在的心聲。你想到哪三個詞語？請寫下這三個詞語。它們是有意義的。

當你專心看著這三個詞語時，心裡會浮現哪些回憶或影像？試著與你的內在小孩建立連結吧。

____

____

____

____

____

____

現在，請抱著全心接受、喜愛你的內在小孩的心情。放手吧。

挖掘陰影的根源

找到一個光線較昏暗、安靜的地方坐下。試著聚焦在你的陰影。

什麼事情觸發了我的陰影？＿＿＿＿＿＿＿＿＿＿＿＿＿＿＿＿

我現在有什麼想法？＿＿＿＿＿＿＿＿＿＿＿＿＿＿＿＿＿＿＿

＿＿＿＿＿＿＿＿＿＿＿＿＿＿＿＿＿＿＿＿＿＿＿＿＿＿＿＿＿＿

我感受到什麼情緒？＿＿＿＿＿＿＿＿＿＿＿＿＿＿＿＿＿＿＿

閉上眼睛，傾聽內在的心聲。你想到哪三個詞語？請寫下這三個詞語。它們是有意義的。

當你專心看著這三個詞語時，心裡會浮現哪些回憶或影像？試著與你的內在小孩建立連結吧。

＿＿＿＿＿＿＿＿＿＿＿＿＿＿＿＿＿＿＿＿＿＿＿＿＿＿＿＿＿＿

＿＿＿＿＿＿＿＿＿＿＿＿＿＿＿＿＿＿＿＿＿＿＿＿＿＿＿＿＿＿

＿＿＿＿＿＿＿＿＿＿＿＿＿＿＿＿＿＿＿＿＿＿＿＿＿＿＿＿＿＿

＿＿＿＿＿＿＿＿＿＿＿＿＿＿＿＿＿＿＿＿＿＿＿＿＿＿＿＿＿＿

＿＿＿＿＿＿＿＿＿＿＿＿＿＿＿＿＿＿＿＿＿＿＿＿＿＿＿＿＿＿

＿＿＿＿＿＿＿＿＿＿＿＿＿＿＿＿＿＿＿＿＿＿＿＿＿＿＿＿＿＿

現在，請抱著全心接受、喜愛你的內在小孩的心情。放手吧。

挖掘陰影的根源

找到一個光線較昏暗、安靜的地方坐下。試著聚焦在你的陰影。

什麼事情觸發了我的陰影？＿＿＿＿＿＿＿＿＿＿

我現在有什麼想法？＿＿＿＿＿＿＿＿＿＿

＿＿＿＿＿＿＿＿＿＿

我感受到什麼情緒？＿＿＿＿＿＿＿＿＿＿

閉上眼睛，傾聽內在的心聲。你想到哪三個詞語？請寫下這三個詞語。它們是有意義的。

當你專心看著這三個詞語時，心裡會浮現哪些回憶或影像？試著與你的內在小孩建立連結吧。

＿＿＿＿＿＿＿＿＿＿

＿＿＿＿＿＿＿＿＿＿

＿＿＿＿＿＿＿＿＿＿

＿＿＿＿＿＿＿＿＿＿

＿＿＿＿＿＿＿＿＿＿

＿＿＿＿＿＿＿＿＿＿

現在，請抱著全心接受、喜愛你的內在小孩的心情。放手吧。

挖掘陰影的根源

找到一個光線較昏暗、安靜的地方坐下。試著聚焦在你的陰影。

什麼事情觸發了我的陰影？＿＿＿＿＿＿＿＿＿＿＿＿＿＿＿＿＿＿

我現在有什麼想法？＿＿＿＿＿＿＿＿＿＿＿＿＿＿＿＿＿＿＿＿＿

＿＿＿＿＿＿＿＿＿＿＿＿＿＿＿＿＿＿＿＿＿＿＿＿＿＿＿＿＿＿

我感受到什麼情緒？＿＿＿＿＿＿＿＿＿＿＿＿＿＿＿＿＿＿＿＿＿

閉上眼睛，傾聽內在的心聲。你想到哪三個詞語？請寫下這三個詞語。它們是有意義的。

當你專心看著這三個詞語時，心裡會浮現哪些回憶或影像？試著與你的內在小孩建立連結吧。

＿＿＿＿＿＿＿＿＿＿＿＿＿＿＿＿＿＿＿＿＿＿＿＿＿＿＿＿＿＿

＿＿＿＿＿＿＿＿＿＿＿＿＿＿＿＿＿＿＿＿＿＿＿＿＿＿＿＿＿＿

＿＿＿＿＿＿＿＿＿＿＿＿＿＿＿＿＿＿＿＿＿＿＿＿＿＿＿＿＿＿

＿＿＿＿＿＿＿＿＿＿＿＿＿＿＿＿＿＿＿＿＿＿＿＿＿＿＿＿＿＿

＿＿＿＿＿＿＿＿＿＿＿＿＿＿＿＿＿＿＿＿＿＿＿＿＿＿＿＿＿＿

＿＿＿＿＿＿＿＿＿＿＿＿＿＿＿＿＿＿＿＿＿＿＿＿＿＿＿＿＿＿

現在，請抱著全心接受、喜愛你的內在小孩的心情。放手吧。

挖掘陰影的根源

找到一個光線較昏暗、安靜的地方坐下。試著聚焦在你的陰影。

什麼事情觸發了我的陰影？＿＿＿＿＿＿＿＿＿＿＿＿＿＿＿＿

我現在有什麼想法？＿＿＿＿＿＿＿＿＿＿＿＿＿＿＿＿＿＿

＿＿＿＿＿＿＿＿＿＿＿＿＿＿＿＿＿＿＿＿＿＿＿＿＿＿

我感受到什麼情緒？＿＿＿＿＿＿＿＿＿＿＿＿＿＿＿＿＿＿

閉上眼睛，傾聽內在的心聲。你想到哪三個詞語？請寫下這三個詞語。它們是有意義的。

當你專心看著這三個詞語時，心裡會浮現哪些回憶或影像？試著與你的內在小孩建立連結吧。

＿＿＿＿＿＿＿＿＿＿＿＿＿＿＿＿＿＿＿＿＿＿＿＿＿＿

＿＿＿＿＿＿＿＿＿＿＿＿＿＿＿＿＿＿＿＿＿＿＿＿＿＿

＿＿＿＿＿＿＿＿＿＿＿＿＿＿＿＿＿＿＿＿＿＿＿＿＿＿

＿＿＿＿＿＿＿＿＿＿＿＿＿＿＿＿＿＿＿＿＿＿＿＿＿＿

＿＿＿＿＿＿＿＿＿＿＿＿＿＿＿＿＿＿＿＿＿＿＿＿＿＿

＿＿＿＿＿＿＿＿＿＿＿＿＿＿＿＿＿＿＿＿＿＿＿＿＿＿

現在，請抱著全心接受、喜愛你的內在小孩的心情。放手吧。

挖掘陰影的根源

找到一個光線較昏暗、安靜的地方坐下。試著聚焦在你的陰影。

什麼事情觸發了我的陰影？＿＿＿＿＿＿＿＿＿＿

我現在有什麼想法？＿＿＿＿＿＿＿＿＿＿

＿＿＿＿＿＿＿＿＿＿

我感受到什麼情緒？＿＿＿＿＿＿＿＿＿＿

閉上眼睛，傾聽內在的心聲。你想到哪三個詞語？請寫下這三個詞語。它們是有意義的。

當你專心看著這三個詞語時，心裡會浮現哪些回憶或影像？試著與你的內在小孩建立連結吧。

＿＿＿＿＿＿＿＿＿＿

＿＿＿＿＿＿＿＿＿＿

＿＿＿＿＿＿＿＿＿＿

＿＿＿＿＿＿＿＿＿＿

＿＿＿＿＿＿＿＿＿＿

＿＿＿＿＿＿＿＿＿＿

現在，請抱著全心接受、喜愛你的內在小孩的心情。放手吧。

挖掘陰影的根源

找到一個光線較昏暗、安靜的地方坐下。試著聚焦在你的陰影。

什麼事情觸發了我的陰影？ ____________________

我現在有什麼想法？ ____________________

____

我感受到什麼情緒？ ____________________

閉上眼睛，傾聽內在的心聲。你想到哪三個詞語？請寫下這三個詞語。它們是有意義的。

當你專心看著這三個詞語時，心裡會浮現哪些回憶或影像？試著與你的內在小孩建立連結吧。

____

____

____

____

____

____

現在，請抱著全心接受、喜愛你的內在小孩的心情。放手吧。

挖掘陰影的根源

找到一個光線較昏暗、安靜的地方坐下。試著聚焦在你的陰影。

什麼事情觸發了我的陰影？＿＿＿＿＿＿＿＿＿＿＿＿＿＿＿＿＿＿＿＿

我現在有什麼想法？＿＿＿＿＿＿＿＿＿＿＿＿＿＿＿＿＿＿＿＿＿＿＿

＿＿＿＿＿＿＿＿＿＿＿＿＿＿＿＿＿＿＿＿＿＿＿＿＿＿＿＿＿＿＿＿

我感受到什麼情緒？＿＿＿＿＿＿＿＿＿＿＿＿＿＿＿＿＿＿＿＿＿＿＿

閉上眼睛，傾聽內在的心聲。你想到哪三個詞語？請寫下這三個詞語。它們是有意義的。

當你專心看著這三個詞語時，心裡會浮現哪些回憶或影像？試著與你的內在小孩建立連結吧。

＿＿＿＿＿＿＿＿＿＿＿＿＿＿＿＿＿＿＿＿＿＿＿＿＿＿＿＿＿＿＿＿

＿＿＿＿＿＿＿＿＿＿＿＿＿＿＿＿＿＿＿＿＿＿＿＿＿＿＿＿＿＿＿＿

＿＿＿＿＿＿＿＿＿＿＿＿＿＿＿＿＿＿＿＿＿＿＿＿＿＿＿＿＿＿＿＿

＿＿＿＿＿＿＿＿＿＿＿＿＿＿＿＿＿＿＿＿＿＿＿＿＿＿＿＿＿＿＿＿

＿＿＿＿＿＿＿＿＿＿＿＿＿＿＿＿＿＿＿＿＿＿＿＿＿＿＿＿＿＿＿＿

＿＿＿＿＿＿＿＿＿＿＿＿＿＿＿＿＿＿＿＿＿＿＿＿＿＿＿＿＿＿＿＿

現在，請抱著全心接受、喜愛你的內在小孩的心情。放手吧。

挖掘陰影的根源

找到一個光線較昏暗、安靜的地方坐下。試著聚焦在你的陰影。

什麼事情觸發了我的陰影？ ____________________

我現在有什麼想法？ ____________________

____

我感受到什麼情緒？ ____________________

閉上眼睛，傾聽內在的心聲。你想到哪三個詞語？請寫下這三個詞語。它們是有意義的。

當你專心看著這三個詞語時，心裡會浮現哪些回憶或影像？試著與你的內在小孩建立連結吧。

____

____

____

____

____

____

現在，請抱著全心接受、喜愛你的內在小孩的心情。放手吧。

挖掘陰影的根源

找到一個光線較昏暗、安靜的地方坐下。試著聚焦在你的陰影。

什麼事情觸發了我的陰影？________________

我現在有什麼想法？________________

____

我感受到什麼情緒？________________

閉上眼睛，傾聽內在的心聲。你想到哪三個詞語？請寫下這三個詞語。它們是有意義的。

當你專心看著這三個詞語時，心裡會浮現哪些回憶或影像？試著與你的內在小孩建立連結吧。

____

____

____

____

____

____

現在，請抱著全心接受、喜愛你的內在小孩的心情。放手吧。

挖掘陰影的根源

找到一個光線較昏暗、安靜的地方坐下。試著聚焦在你的陰影。

什麼事情觸發了我的陰影？

我現在有什麼想法？

我感受到什麼情緒？

閉上眼睛，傾聽內在的心聲。你想到哪三個詞語？請寫下這三個詞語。它們是有意義的。

當你專心看著這三個詞語時，心裡會浮現哪些回憶或影像？試著與你的內在小孩建立連結吧。

現在，請抱著全心接受、喜愛你的內在小孩的心情。放手吧。

挖掘陰影的根源

找到一個光線較昏暗、安靜的地方坐下。試著聚焦在你的陰影。

什麼事情觸發了我的陰影？ ____________________

我現在有什麼想法？ ____________________

____

我感受到什麼情緒？ ____________________

閉上眼睛，傾聽內在的心聲。你想到哪三個詞語？請寫下這三個詞語。它們是有意義的。

當你專心看著這三個詞語時，心裡會浮現哪些回憶或影像？試著與你的內在小孩建立連結吧。

____

____

____

____

____

____

現在，請抱著全心接受、喜愛你的內在小孩的心情。放手吧。

挖掘陰影的根源

找到一個光線較昏暗、安靜的地方坐下。試著聚焦在你的陰影。

什麼事情觸發了我的陰影？＿＿＿＿＿＿＿＿＿＿＿＿＿＿＿＿

我現在有什麼想法？＿＿＿＿＿＿＿＿＿＿＿＿＿＿＿＿＿＿＿

＿＿＿＿＿＿＿＿＿＿＿＿＿＿＿＿＿＿＿＿＿＿＿＿＿＿＿＿＿

我感受到什麼情緒？＿＿＿＿＿＿＿＿＿＿＿＿＿＿＿＿＿＿＿

閉上眼睛，傾聽內在的心聲。你想到哪三個詞語？請寫下這三個詞語。它們是有意義的。

當你專心看著這三個詞語時，心裡會浮現哪些回憶或影像？試著與你的內在小孩建立連結吧。

＿＿＿＿＿＿＿＿＿＿＿＿＿＿＿＿＿＿＿＿＿＿＿＿＿＿＿＿＿

＿＿＿＿＿＿＿＿＿＿＿＿＿＿＿＿＿＿＿＿＿＿＿＿＿＿＿＿＿

＿＿＿＿＿＿＿＿＿＿＿＿＿＿＿＿＿＿＿＿＿＿＿＿＿＿＿＿＿

＿＿＿＿＿＿＿＿＿＿＿＿＿＿＿＿＿＿＿＿＿＿＿＿＿＿＿＿＿

＿＿＿＿＿＿＿＿＿＿＿＿＿＿＿＿＿＿＿＿＿＿＿＿＿＿＿＿＿

＿＿＿＿＿＿＿＿＿＿＿＿＿＿＿＿＿＿＿＿＿＿＿＿＿＿＿＿＿

現在，請抱著全心接受、喜愛你的內在小孩的心情。放手吧。

挖掘陰影的根源

找到一個光線較昏暗、安靜的地方坐下。試著聚焦在你的陰影。

什麼事情觸發了我的陰影？ ______________________

我現在有什麼想法？ ______________________

____

我感受到什麼情緒？ ______________________

閉上眼睛，傾聽內在的心聲。你想到哪三個詞語？請寫下這三個詞語。它們是有意義的。

當你專心看著這三個詞語時，心裡會浮現哪些回憶或影像？試著與你的內在小孩建立連結吧。

____

____

____

____

____

____

現在，請抱著全心接受、喜愛你的內在小孩的心情。放手吧。

挖掘陰影的根源

找到一個光線較昏暗、安靜的地方坐下。試著聚焦在你的陰影。

什麼事情觸發了我的陰影？ ______________________________

我現在有什麼想法？ ______________________________

____

我感受到什麼情緒？ ______________________________

閉上眼睛，傾聽內在的心聲。你想到哪三個詞語？請寫下這三個詞語。它們是有意義的。

當你專心看著這三個詞語時，心裡會浮現哪些回憶或影像？試著與你的內在小孩建立連結吧。

____

____

____

____

____

____

現在，請抱著全心接受、喜愛你的內在小孩的心情。放手吧。

補充練習

1. 視覺化冥想——遇見陰影

視覺化冥想（visualization meditation）可以幫助你與內在的自我建立連結。當你與陰影整合之後，才能理解過去一直被你排除在外或是你想盡辦法忽視的自我。進行冥想時，請選擇在房間、或是不會受干擾的環境。冥想時，戴著耳機或是不戴耳機都行。

由此聆聽

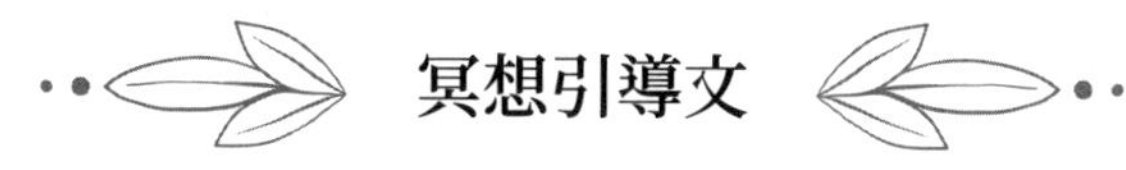

冥想引導文

一開始，先以感謝的心

謝謝你的人性

你的不完美

在我們開始這段旅程時

設定開放的態度

張開雙臂 接受你的陰影

張開雙臂 迎接完整的自我

陰影探索是一個過程

辨識並整合那些你曾經放棄

或隨時間而遺忘的自己

在這次冥想中，我們將專注於

辨識你的陰影，與它們相遇

現在，請找一個舒適且安全的地方坐下或躺下

請調整自己到最舒適的姿勢

留意你的身體是否有任何地方需要放鬆

如果有的話，試著調整姿勢、

放鬆那些身體的緊繃區域

當你準備好時，深吸一口氣

透過鼻子吸氣

再呼氣

沒錯，把所有的氣都吐出來

現在再深吸一口氣，這一次慢一點

再完全地吐氣

現在，想像自己正在走一條路

注意看這是什麼樣的路

你是在森林裡嗎

還是在海邊

現在，你看見遠方有一棵大樹

樹中間有一個洞

這個洞又高又寬

你感覺被吸引進去

當你走向它時，樹越來越近

面對這棵樹

踏進這個樹洞裡

有一條螺旋下行的樓梯

你走下去，它引領你越往下走

並引導你跟隨這棵樹的根

隨著你往下走，

你可以看到下方有微弱的光芒

你來到一個地下洞穴

你的腳踩在寒冷而堅實的土地上

你抬頭，看到樹根懸掛在頭頂上方

你往前走，看見了一個感覺很神聖的池塘

冰涼、湛藍的水

一口井

當你靠近時，你開始在水池中看見

自己的臉

開始觀察水中你的倒影

它是清晰的，還是模糊的

如果還很模糊不清

繼續觀察，等到你的倒影變得清晰

水面很平靜

當你繼續凝視時

你的倒影開始改變

變成那些你不喜歡的自己

你感到羞愧或內疚的那部分自己

雖然你的這一部分可能看起來不好看

但它正在呼喚著你

它想要與你連結、與你在一起

它想念著你

所以你伸出手

看到你的倒影也向你伸出手

當你伸出手時，觸摸到水面，

立即感受到一種同情

同情這個多年來都隱藏在這個地下水池中的自己

你為這個被隱藏的自己感到悲傷

同時也因與它連接而感到欣慰

容許自己片刻的寧靜

與你的陰影自我交流

聆聽，仔細聽你的陰影

聽它有什麼話想說
向它傳遞感謝與愛
向它提問
它有什麼需求
你可以如何撫慰、療癒陰影自我
現在，請這部分的自己
接受名為疼惜的贈禮
然後好好地、將愛與疼惜送給這部分的自己
當你準備好時，慢慢開始
移動你的身體
動一動手指和腳趾
慢慢伸展
請記住，視覺化冥想是一個很強大的工具
可以幫助你自我探索

接納你的陰影自我可以幫助你

更深入地了解自己和自己的行為

利用這個冥想來接觸你的陰影

並賦予自己力量

成為最好版本的你

2. 視覺化冥想——整合陰影

視覺化冥想可以幫助你與內在的自我建立連結。當你與陰影整合之後，才能理解過去一直被你排除在外或是你想盡辦法忽視的自我。進行冥想時，請選擇在房間、或是不會受干擾的環境。冥想時，戴著耳機或是不戴耳機都行。

由此聆聽

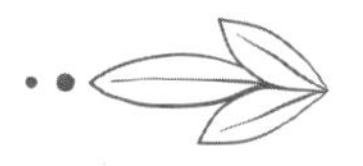

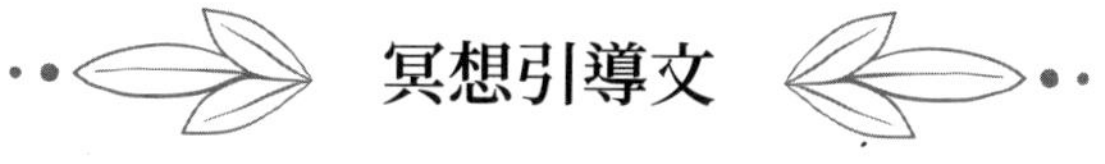

冥想引導文

開始這段旅程時，讓我們先設定整合的目標

在你的空間裡，找到舒適的姿勢

深呼吸，讓身體放鬆，再吐氣

想像所有的緊張都隨著吐氣而融化

隨著每一次呼吸

都讓自己進入更平靜、放鬆的狀態

現在，將注意力轉向內在

把心中的陰影具體化

看見它們變成一個人、某種生物、

或陰影、或某種形狀

承認它們的存在

留意任何浮現的情緒

無論是恐懼、憤怒、悲傷，或是羞愧

允許自己充分體驗這些情緒，不帶任何評斷

深吸一口氣，吐氣的同時也釋放所有負面的感覺

繼續專注於陰影，觀察它的形狀和動作

它有什麼行為，它如何行動

它看到你時有何反應

注意它如何與環境互動，

以及它如何影響你的想法和情緒

花一些時間，慢慢探索陰影的細節

它的形狀、顏色、質地，以及其他你注意到的特徵

它是尖銳、粗糙的，還是流動、深沉的

接下來，想像陰影與你合而為一

想像它慢慢融入你的身體

像是拼圖的兩塊完美契合

當它接觸到你時，陰影化為一道明亮的黃白光芒

充滿純粹的意圖和力量，因為有光才有陰影

你同時也接收到這純粹明亮的光芒

允許自己與陰影融為一體

並感受任何浮現的情緒

你看見自己擁抱陰影

了解到它是你的一部分

在整合陰影的同時，

感受它的力量流入你的身體

花點時間反思這個整合的過程

觀察你因此產生的新見解或觀點

觀察這個經驗如何改變你的視角

以及你如何與周圍的世界互動

準備好時，慢慢地張開眼睛，回到現在

花點時間讓自己扎根

感受你的身體與腳下土地的連結

請記住，視覺化冥想是一個很強大的工具
可以幫助你自我探索和轉變
接納你的陰影自我可以幫助你
更深入地了解自己和自己的行為
利用這個冥想來接觸你的陰影
並賦予自己力量
成為最好版本的你

3. 呼吸練習——緩解焦慮

進行呼吸練習時，你可以選擇舒服的坐姿、閉上眼睛，然後緩慢地深呼吸。呼吸練習是很有用的技巧，可以幫助你紓緩神經系統，讓身體更放鬆。這個練習包括有意識地控制呼吸，運用特定的呼吸技巧。如果我們專注於特定的呼吸模式，就能減少身體的壓力反應，抑制交感神經系統，提升副交感神經系統。這個練習有助於降低我們的壓力程度，讓我們放鬆、提升幸福感。

由此聆聽

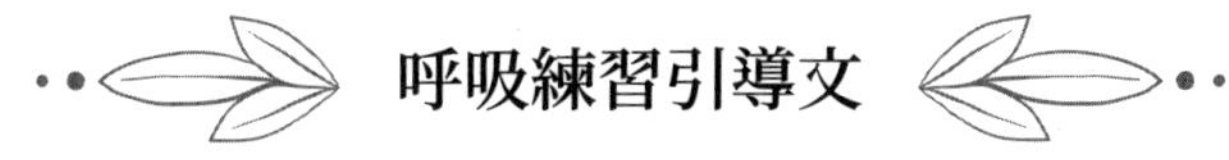

呼吸練習引導文

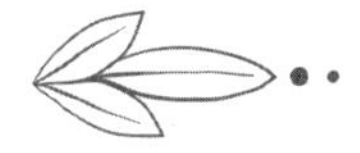

首先，請找到一個舒適的坐姿

你可以坐在地板上，或椅子上

將雙手放在大腿上或膝蓋上

輕輕閉上你的雙眼

用鼻子深吸一口氣

慢慢地從嘴巴吐氣

吸氣時，想像自己吸入寧靜、舒緩的能量

呼氣時，想像自己釋放了

所有身體中累積的緊張或壓力

繼續慢慢地深呼吸

將注意力集中在你的呼吸上

現在，在心中想像一座美麗的花園

想像你站在這個花園的入口處

周圍都是美麗的花朵

和樹木、植物

當你吸氣時

想像自己走進花園更深處

被它寧靜的能量包圍

當你呼氣時，想像你的擔憂或恐懼都被釋放

允許自己完全存在於當下

被花園的美麗和寧靜環繞

現在，將注意力集中在你的呼吸上

再一次，深吸一口氣

保持片刻，然後從嘴巴慢慢吐氣

當你呼氣時，想像自己正在釋放

累積在身體中的緊張或焦慮

重複這個呼吸循環幾分鐘

允許自己完全放鬆

並隨著每一次呼氣，放下一切執著

繼續慢慢深呼吸

讓你的心漸漸沉靜、安穩

現在，把注意力帶回到花園

想像自己走進花園更深處

被美麗的能量包圍

你走著走著，遇到了一個池塘或小溪流

試著想像水輕輕地流動

想像它帶走你所有的緊張與焦慮

深呼吸

把你所有的擔憂或恐懼，都釋放到水中

讓水帶走它們

你只感覺到寧靜、放鬆和平靜

最後，深吸一口氣

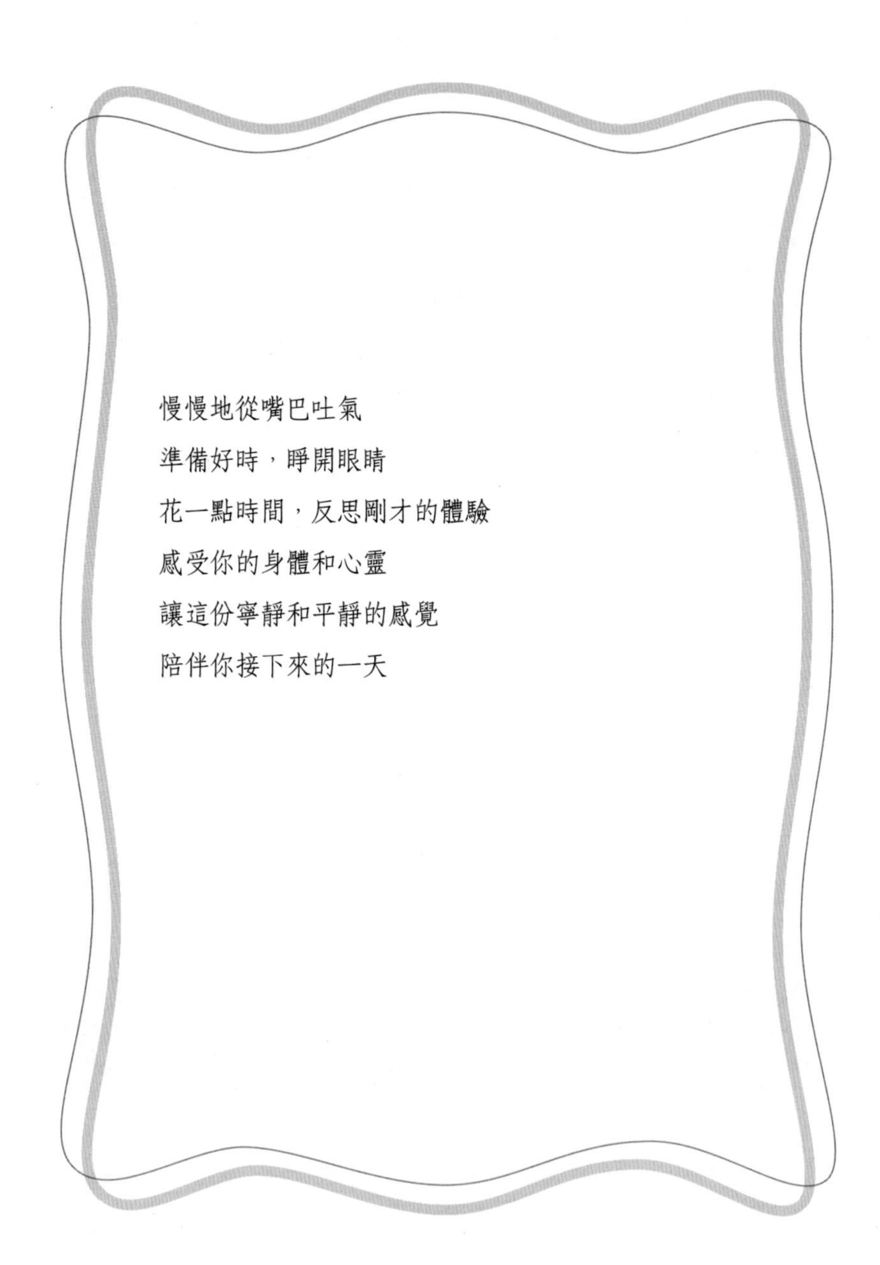

慢慢地從嘴巴吐氣

準備好時，睜開眼睛

花一點時間，反思剛才的體驗

感受你的身體和心靈

讓這份寧靜和平靜的感覺

陪伴你接下來的一天

4. 呼吸練習——調控神經系統

進行呼吸練習時，你可以選擇舒服的坐姿、閉上眼睛，然後緩慢地深呼吸。呼吸練習是很有用的技巧，可以幫助你紓緩神經系統，讓身體更放鬆。這個練習包括有意識地控制呼吸，運用特定的呼吸技巧。如果我們專注於特定的呼吸模式，就能減少身體的壓力反應，抑制交感神經系統，提升副交感神經系統。這個練習有助於降低我們的壓力程度，讓我們放鬆、提升幸福感。

由此聆聽

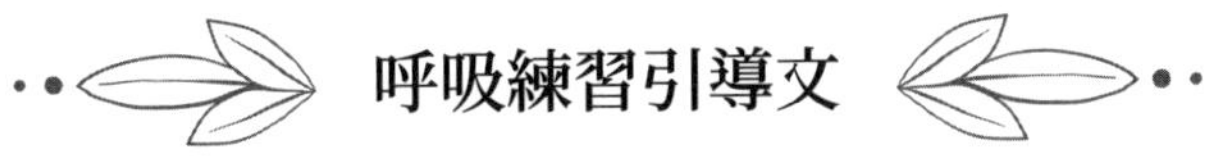

呼吸練習引導文

首先，請找到一個舒適的坐姿

你可以坐在地板上，或椅子上

將雙手放在大腿上，掌心向上，閉上雙眼

用鼻子深吸一口氣

慢慢地從嘴巴吐氣

吸氣時，想像自己正在吸入宇宙的生命能量

呼氣時，想像自己釋放了

所有身體中累積的緊張或壓力

繼續慢慢地深呼吸

將注意力集中在你的呼吸上

現在，把注意力放在肚臍下方

這是脈輪中臍輪的位置

與創造力、愉悅和情緒平衡有關

請想像在這個區域，有一道明亮的光

想像光芒隨著每次吸氣，變得更明亮、更燦爛

呼氣時，想像自己正在釋放所有

阻礙你發光的障礙與停滯的能量

繼續專注在臍輪的位置

想像每次吸氣，都在把治癒的能量帶到這個區域

想像每次吐氣，都在釋放

仍留在你體內的緊張或壓力

現在，把注意力拉回呼吸

深吸氣，讓你的肺充滿空氣

然後維持片刻

接著慢慢地從鼻子吐氣

呼氣時，想像自己正在釋放所有

讓你往下沉的負面情緒或想法

重複這個呼吸循環幾分鐘

允許自己完全放鬆
並隨著每一次呼氣，放下一切執著
繼續慢慢深呼吸
讓你的心漸漸沉靜、安穩
現在，把注意力集中在頭頂
想像你的頭頂有一道明亮的光
並想像每次吸氣時
光芒變得更明亮和更燦爛
呼氣時，想像你釋放了所有
使你思緒不清晰的負面能量與想法
讓光芒充分閃耀，
你的全身都充滿它的治癒能量
再做幾次深呼吸
準備好時，睜開眼睛

花一點時間，反思剛才的體驗

感受你的身體和心靈

讓這份寧靜和平靜的感覺

陪伴你接下來的一天

更多資源

- 美國國立精神衛生研究院（National Institute of Mental Health, NIMH）：這是政府出資成立的組織，主要提供各種心理健康疾病相關的資訊與資源。
- 美國心理學會（American Psychological Association, ASA）：這是專為心理學家成立的專業組織，主要為心理健康專業人員與一般大眾提供相關資訊與資源。
- 今日心理學（Psychology Today；https://www.psychologytoday.com/us）：這是一個指南型網站，你可以依據地理位置和類型搜尋治療師、心理學家與其他資訊。
- 全國精神疾病聯盟（National Alliance on Mental Illness, NAMI）：這個組織專門為罹患心理疾病的民眾提供需要的支援、教育與宣導。
- 憂鬱症與躁鬱症支援聯盟（Depression and Bipolar Support Alliance, DBSA）：這是一個全國性組織，專門為憂鬱症與躁鬱症患者提供同儕支援、教育與宣導。
- 憂鬱症專案（The Depression Project）：這個線上平台提供憂鬱症患者需要的資源、支援與社群訊息。
- 聊天空間（Talkspace）：這是線上治療平台，專為患有憂鬱症或其他心理健康疾病的患者提供治療。
- BetterHelp：這是線上治療平台，專為患有憂鬱症或其他心理健康疾病的患者提供治療。

- ADAA：這是在美國成立的非營利組織，為患有焦慮症、憂鬱症或其他相關疾病的患者提供教育、支援與宣導。
- 黑人女孩治療平台（Therapy for Black Girls）：這是一個線上指南與資源平台，主要為黑人女性媒介合格的心理健康專業人士。
- 拉丁族群治療平台（Therapy for LatinX）：這個線上資料庫蒐集了許多拉丁裔治療師，或是與拉丁社群合作密切、了解拉丁族群需求的治療師名單。

作者介紹

凱拉・莎欣（Keila Shaheen）是Zenfulnote創辦人。她深入研究認知行為療法、正念、能量心理學與創意思考等各種療癒方法。凱拉是獲認證的聲音治療師與聲音療癒師，也是領有執照的認知行為治療師。她也在達瑪瑜伽（Dharma Yoga）取得證書，接受教師訓練，對於瑜伽體位法（Yoga Asana）與佛教哲學有深刻理解。凱拉發現傳統療法有其限制，因此開始探索其他內在療癒與心智建構方法。2021年，她創辦了Zenfulnote，希望提供有用的工具，協助人們完成療癒旅程。她出版的這本書幫助讀者發掘與治癒最深層的潛意識，在TikTok大受歡迎，更獲《告示牌雜誌》（Billboard）與英國《泰晤士報》等國際媒體專題報導。

譯者介紹

吳凱琳，台灣大學外國語文學系畢業，曾任職於出版社、雜誌、網路媒體，現為自由工作者。

國家圖書館出版品預行編目（CIP）資料

陰影探索 我的療癒日記／凱拉.莎欣(Keila Shaheen)著；
吳凱琳譯.-- 第一版. -- 臺北市：天下雜誌股份有限公司，
2024.04
256面；14.8×21公分. --（心靈成長；108）
譯自：The shadow work journal : a guide to integrate and
transcend your shadows
ISBN 978-986-398-974-5（精裝）

1.CST: 心理治療　2.CST: 分析心理學

178.8　　113002434

心靈成長 108

陰影探索 我的療癒日記

THE SHADOW WORK JOURNAL: A Guide to Integrate and Transcend Your Shadows

---

作　　者／凱拉・莎欣（Keila Shaheen）
譯　　者／吳凱琳
封面設計／FE工作室
內頁排版／邱介惠
責任編輯／許　湘

天下雜誌群創辦人／殷允芃
天下雜誌董事長／吳迎春
出版部總編輯／吳韻儀
出 版 者／天下雜誌股份有限公司
地　　址／台北市 104 南京東路二段 139 號 11 樓
讀者服務／（02）2662-0332　傳真／（02）2662-6048
天下雜誌GROUP網址／ http://www.cw.com.tw
劃撥帳號／01895001天下雜誌股份有限公司
法律顧問／台英國際商務法律事務所・羅明通律師
製版印刷／中原造像股份有限公司
總 經 銷／大和圖書有限公司　電話／（02）8990-2588
出版日期／2024 年 4 月 2 日第一版第一次印行
定　　價／420 元

書 號：BCCG108P
ISBN：978-986-398-974-5（軟精裝）

直營門市書香花園　地址／台北市建國北路二段6巷11號　電話／02-2506-1635
天下網路書店　shop.cwbook.com.tw　電話／02-2662-0332　傳真／02-2662-6048
本書如有缺頁、破損、裝訂錯誤，請寄回本公司調換